AF356223

MADAME

Julie Lavergne

SA VIE ET SON ŒUVRE

MADAME

JULIE LAVERGNE

SA VIE ET SON ŒUVRE

PARIS

IMPRIMERIE DE D. DUMOULIN ET Cⁱᵉ

5, rue des Grands-Augustins, 5

MADAME CLAUDIUS LAVERGNE

OZANEAUX

MADAME

JULIE LAVERGNE

SA VIE ET SON OEUVRE

PAR

JOSEPH LAVERGNE

> Le seul bonheur en ce monde,
> est de faire son devoir en aimant
> Dieu.   (Julie LAVERGNE.)

PARIS

TAFFIN-LEFORT, LIBRAIRE-ÉDITEUR

30, RUE DES SAINTS-PÈRES, 30
1899

MADAME JULIE LAVERGNE

I

L'ENFANT

Cécile-Joséphine-Julie Ozaneaux naquit à Paris, le 19 décembre 1823, de Jean-Georges Ozaneaux, professeur agrégé de philosophie au collège royal Charlemagne, né à Paris en 1795, et de Catherine-Lucie Sproit, née à Lille en 1800.

La naissance de cette enfant, dès la première année d'un mariage d'inclination, mit le comble au bonheur de ses parents.

M. Ozaneaux, dont l'esprit observateur et gracieux se répandait volontiers en écrits, a laissé des notes quotidiennes relatant ses premières impressions paternelles. Quelques extraits de ce journal donneront au lecteur des indications caractéristiques sur l'origine et les qualités natives de l'héroïne de cet ouvrage.

« 19 décembre 1823.

« Julie est née cette nuit, à deux heures... Je n'ai pas de mots pour exprimer ce que j'éprouvai. Celui de *bonheur* ne signifie rien : c'était quelque chose hors de cette vie ; et, s'il est une langue pour peindre ces sentiments, Celui-là seul peut la parler qui nous les a donnés, et, pour la comprendre, il faut les éprouver. Aussi je ne raconte pas ces émotions : j'interromps ceux qui m'en parlent ; je crains d'en voir profaner la pureté par l'expression triviale de nos joies ordinaires.

« ... Qu'elle était jolie cette enfant ! Ses lèvres, étaient faites pour le sourire, ses yeux étaient sereins, rien n'avait encore altéré ses traits.

« ... J'ai déposé le premier baiser sur le front de ma Julie ; j'ai béni mon enfant. Puisse cette bénédiction l'accompagner jusqu'à son dernier jour ; puissent les vœux que j'ai faits pour elle se réaliser !

« Si Dieu te conserve à tes parents, qu'Il te les conserve aussi jusqu'au jour où tu n'auras plus besoin d'eux. Qu'ils puissent te donner des vertus, seule richesse de la vie !

« Que ton union ressemble à la mienne !

« Que tes enfants te respectent, te chérissent, comme tu dois nous respecter et nous chérir un jour !

« Que les belles années de ton enfance et de ta jeunesse ne lèguent à tes vieux ans que des souvenirs de bonheur et d'amour, et qu'à ta dernière heure ton regard soit aussi serein qu'il le fut à ta première ! »

Dès le cinquième jour, M. Ozaneaux croit apercevoir les premières manifestations de l'intelligence de sa fille :

« 23 décembre 1823.

« Julie sait déjà comparer et distinguer quelques sensations ; elle a le sentiment de *cause*, car elle tourne les yeux du côté où on fait du bruit. Elle connaît la chaleur du sein, elle sait en faire le rapport à l'objet de ses besoins, car si ma joue s'approche de son visage, elle tourne aussitôt sa bouche vers elle et ne cherche plus de l'autre côté. Ce n'est pas là de l'*instinct*, car l'instinct consiste à savoir sans apprendre (comme quand elle a tété pour la première fois), au lieu que Julie a appris ce que je dis, car le premier jour elle ne le savait pas ; le second elle a commencé à s'en douter, et elle s'y trompait encore : hier elle ne s'y trompait plus. Julie sait donc quelque chose : elle est savante !

« La différence entre elle et nous n'est que du plus au moins, et cette différence s'évanouit devant Celui qui sait tout. »

On peut dire que Julie Lavergne a sucé avec le lait l'essence même du courage et du dévouement. Sa jeune mère, en effet, souffrit cruellement de douloureux abcès ; mais, nous dit M. Ozaneaux :

« Jamais elle n'eut la pensée d'éloigner son enfant de son sein. Elle a fait son devoir avec courage, avec plaisir, et la joie qui venait de son enfant, et l'amour pour cet être faible qui n'était bien que dans ses bras, semblaient anéantir le sentiment de ses douleurs.

« Le temps a emporté les maux ; il en effacera le souvenir, et la grandeur du sacrifice disparaîtra aux yeux de celle qui l'a supporté ; c'est pourquoi j'écris ces lignes : je veux que ma fille connaisse un jour les bienfaits de sa mère. »

Ondoyée tout d'abord, l'enfant fut baptisée à quatre mois : « Elle absorba tout le sel que le prêtre mit sur ses lèvres », écrit son père, à qui rien n'échappe.

A huit mois : « Chaque jour l'embellit davantage et la rend plus aimable... Elle semble heureuse de vivre et d'être avec nous. Tout le monde l'aime et la caresse ; elle est connue dans tout le voisinage et ne sort pas sans qu'on s'arrête pour la voir passer en disant : « Le beau petit ange ; le beau petit Jésus !..... »

« Ses cheveux sont blonds et ses yeux d'un bleu céleste : « C'est la couleur du ciel quand « il est beau », lui disait une femme du peuple qui l'admirait dans mes bras. »

Enfin l'énergie singulière dont fit preuve Julie Lavergne dans les circonstances difficiles de sa vie est déjà remarquée dès sa plus tendre enfance : « Quand on frappait à grands coups devant elle, sa paupière se fermait, mais on voyait la lutte de la volonté contre la frayeur ; peu à peu elle ouvrait les yeux, elle les habituait à voir sans fléchir l'objet qui l'effrayait. »

De telles observations, faites par un père sur son enfant à la mamelle, n'auraient d'autre intérêt que le charme qui s'en dégage et mériteraient à peine d'être citées, si le père n'était ici doublé d'un psychologue dont la clairvoyance, j'allais dire la seconde vue, nous permet de découvrir le germe des aptitudes dont nous allons suivre les progrès.

M. Georges Ozaneaux, tout entier à ses affections familiales auxquelles il ne s'arrachait que pour vaquer à ses devoirs d'état, s'oubliait lui-même et mettait de côté toute ambition personnelle pour se consacrer plus intimement à sa femme et à son enfant.

Le duc d'Orléans (Louis-Philippe), qui se plaisait à réunir chez lui les beaux esprits de son temps, avait remarqué ce jeune professeur de philosophie dont il connaissait les brillants débuts universitaires [1]. Il lui offrit d'être, à son choix, précepteur du duc de Nemours ou du prince de Joinville et l'invitait souvent à dîner, à Neuilly, afin qu'il pût étudier les caractères de ces deux princes.

L'offre était séduisante et plus d'un se fût empressé d'accepter. Mais il eût fallu quitter le cher intérieur pour suivre son élève et habiter avec lui, une partie de l'année, au château de

----

1. Georges Ozaneaux avait obtenu le prix d'honneur, en philosophie, au Concours général de 1812 et était entré premier à l'École normale supérieure cette même année ; il avait dix-sept ans.

Neuilly; Georges Ozaneaux refusa, et le duc d'Orléans, admirant les motifs de sa décision, l'en estima davantage et l'honora toujours de son amitié.

Ce philosophe, amoureux et désintéressé, ne limitait cependant pas sa vie aux soins de sa famille et à l'enseignement de la jeunesse.

En 1826, on le vit s'enflammer pour la cause de l'indépendance grecque. Il écrivit un drame en vers intitulé : *le Dernier Jour de Missolonghi*, et le fit jouer au théâtre de l'*Odéon*. Ce fut un succès. La musique de l'ouverture et des chœurs était d'Hérold; Lockroy et Beauvallet, acteurs célèbres à cette époque, jouèrent les premiers rôles.

Ces débuts allaient peut-être engager M. Ozaneaux à travailler désormais pour le théâtre, tout en occupant la chaire de philosophie au collège Louis-le-Grand, lorsque survint la Révolution de Juillet.

Deux mois après, en septembre 1830, il était nommé recteur de l'Académie de Bourges et quittait Paris. Il avait trente-cinq ans, et trois enfants : Julie, née en 1823; Clotilde, née en 1826; Lucien, né en 1829.

A peine installé à Bourges, il était promu recteur à Clermont-Ferrand; puis, en 1831, recteur à Toulouse. Enfin, en 1835, il revint à Paris, avec la croix de la Légion d'honneur pour être inspecteur général des études.

Sa fille aînée avait douze ans, et il s'était donné la tâche de faire, entièrement et à lui seul son éducation. Les arts d'agrément : musique, peinture et danse, furent seuls enseignés par des maîtres étrangers.

Julie Ozaneaux n'avait obtenu la permission d'apprendre à lire qu'à l'âge de sept ans. Son intelligence précoce, avide d'instruction, n'avait pas besoin d'être stimulée. De simples conversations, répondant aux questions de l'enfant, étaient suffisantes. La lecture prit ensuite une grande place dans ses études.

Le système de M. Ozaneaux consistait à s'adresser au raisonnement de l'enfant, et le moins possible à sa mémoire.

Jamais une leçon d'histoire ou de grammaire n'était apprise par cœur. Elle était, en quelque sorte, racontée par le maître, et l'élève devait, par ses réponses et ses observations, montrer qu'elle avait bien compris.

M. Ozaneaux tenait à ce que l'écriture et l'orthographe fussent soignées. Dans une lettre adressée à sa fille, en 1834, il lui dit :

« Ton écriture est bonne ; il faudrait essayer maintenant un caractère plus fin, et surtout faire attention à l'orthographe.

« Toi qui es si avancée sur bien des connaissances, tu n'es encore, en cela, qu'une bourrique, et tu aurais une jolie place sur un banc que j'ai vu, dans une pension, au-dessus duquel on a écrit en caractères longs d'un pied : *Banc des ânes*. Quand je suis entré, il y avait, sur ce banc, deux ou trois baudets, qui, à mon aspect, se sont vite enfuis. »

Le style était l'objet de soins particuliers. L'enfant écrivait chaque jour à son père pendant ses longues inspections générales ; de plus, elle avait souvent à traiter des sujets de narration. Lorsqu'elle s'en était bien tirée, un dessin, représentant la scène principale de son récit, était la récompense fixée dans un album spécial par le crayon ou la plume du papa qui avait un joli talent d'artiste amateur.

Le don d'imagination, qui valut plus tard à

Mme Julie Lavergne ses succès d'écrivain, apparut de très bonne heure chez Julie Ozaneaux, et se révéla par le plaisir et la facilité qu'elle avait à inventer et à raconter des histoires.

A peine âgée de douze ans, elle faisait, chaque matin, à sa petite sœur, le récit fantastique d'un voyage qu'elle était censée avoir fait, pendant la nuit, au pays de *Balinda*.

Balinda! Quel est ce nom? Elle-même va nous le dire en quelques lignes jetées et retrouvées sur un vieux carnet de dépenses.

« Balinda, c'est le nom d'un pays imaginaire où j'allais souventes fois, jadis, à travers l'espace aérien, sans autre char, esquif ou monture qu'un couvre-chef de basin blanc garni de dentelles de Flandre.

« Oh! les jolis voyages! Que d'aventures m'y advinrent! Je les contais au retour, et, pour avoir le plaisir de les entendre, plus d'un curieux se fit mon serviteur.

« Si tu me contes Balinda, disait mon petit frère, je jouerai à tous les jeux que tu voudras, et j'arroserai ton jardin. » « Si tu me contes Balinda, disait ma sœur, je te coifferai, et je rangerai tes collets et tes manchettes. »

« Alors, la Reine de Balinda, contait les annales de son royaume, et certes, il s'y était passé d'étranges et réjouissantes choses. Les catastrophes et les péripéties s'y enchevêtraient à plaisir et finissaient par des noces, des tournois, des enchantements plus enchanteurs et des triomphes plus triomphants les uns que les autres. Les enfants m'écoutaient des heures entières, et j'étais Reine alors, Reine tout de bon..... »

L'instruction religieuse fut aussi donnée par le père de famille qui composa et fit imprimer, à Toulouse, un opuscule intitulé : *Instructions religieuses et prières pour mes enfants*. La dédicace est ainsi conçue :

« JULIE, CLOTILDE, LUCIEN,

« Ce petit livre a été fait pour vous : conservez-le avec soin, comme un souvenir de vos parents : méditez-le, comme la plus importante des leçons qu'ils vous auront données. Et si, quelque jour, vous avez des enfants, mettez-le entre leurs mains. Dieu veuille qu'ils en profitent, comme je désire que vous en profitiez vous-mêmes !

« Soyez bons, mes enfants, et vous serez heureux.

« G. O. »

En sept leçons, toute la doctrine chrétienne est résumée sous une forme très simple. L'exposé des principes de la religion catholique est suivi de prières pour le matin et le soir et pour l'assistance à la messe, ces dernières entremêlées de notes explicatives. Ce petit Manuel mériterait d'être réédité. Il aurait au moins, sur beaucoup d'autres du même genre, l'avantage d'être facilement intelligible.

Les nombreux changements de résidence de ses parents avaient retardé la première communion de Julie Ozaneaux. Son père estimait d'ailleurs qu'un acte aussi important ne devait pas être accompli de trop bonne heure. En ce temps-là l'usage était, du reste, au diocèse de Paris, d'attendre que les enfants aient douze ans révolus.

Julie fit sa première communion et fut confirmée les 22 et 23 juin 1837 dans l'église de Saint-Étienne-du-Mont. Elle s'y prépara avec une joyeuse ferveur et ses réponses firent l'étonnement des prêtres chargés d'examiner les

JULIE OZANEAUX

élèves du catéchisme. Le curé de la paroisse, qui les présidait, interrompit les questions en disant : « Nous perdons notre temps avec vous, mademoiselle, vous êtes très instruite ! »

L'enfant ne put s'empêcher de sauter de joie, et la maman ravie s'écria, en embrassant sa fille : « Je voudrais en avoir douze comme toi ! »

On lira, dans la *Correspondance de Julie Lavergne*, la lettre charmante qu'elle écrivit à son père, alors en tournée dans l'Ouest de la France, pour lui demander, selon l'usage, le pardon de ses fautes et sa bénédiction. Nous donnons seulement ici la réponse de M. Ozaneaux ; c'est un modèle en son genre et le résumé de l'éducation morale qu'il professait à l'égard de ses enfants.

« Niort, le 18 juin 1837.

« Ma chère enfant,

« C'est pour moi une privation bien cruelle d'être éloigné de toi au moment où tu vas accomplir un des actes les plus sérieux, les plus importants de ta vie. Ce n'est point seulement un plaisir que je sacrifie, c'est un devoir ; et un

2

jour, si tu as des enfants, tu comprendras combien il en coûte d'être séparé d'eux quand on a des obligations à remplir à leur égard.

« Du reste, ta bonne mère est près de toi : elle t'embrassera, elle te bénira pour nous deux; son cœur peut suffire à cette double charge de tendresse. Et, ce jour-là, ma pensée, mon âme entière sera au milieu de vous. Je suis heureux de voir que ma fille communie pour la première fois à la même place que moi; qu'elle y vienne avec les idées et les sentiments de religion pure, simple et bonne que j'y apportai moi-même. Que ces sentiments te restent, ma chère petite, et que le souvenir du beau jour qui se prépare pour toi ne soit jamais accompagné d'aucun regret lorsque, plus tard, tu y ramèneras ta pensée.

« J'ai bien peu de fautes à te pardonner, ma bonne Julie; ta conscience doit te le dire, comme nous, que tu n'as jamais fait de chagrin sérieux à tes parents, et qu'ils te doivent une grande partie de leur bonheur. Mais tu as des défauts, tu les connais; tu veux t'en corriger, et tu en viendras à bout, puisque tu sens si bien la grâce que tu vas recevoir. Je ne te dirai pas

de nous aimer davantage, d'aimer davantage ton
frère et ta sœur, ta bonne-maman ; mais de le
témoigner plus que tu ne l'as fait jusqu'à présent, à cette dernière par plus de déférence et
de respect, et à mes deux autres enfants par
plus d'attentions et de complaisances. Voilà
tout.

« Ne compare jamais, pour ce qu'on peut
exiger de leur âge et du tien, ton frère et même
ta sœur ; surtout à présent que tu vas entrer
dans une vie nouvelle et consacrer la supériorité de ta raison et de ton instruction par un
rapprochement plus intime avec Celui qui t'a
donné ces avantages.

« Et à ce sujet, ma Julie, je te dois un avis
que je ne saurais trop répéter. Ne vois jamais
autre chose dans le privilège de savoir plus
que l'obligation de faire mieux. Ce *plus*, d'ailleurs, c'est encore si peu de chose, en comparaison de ce que tant d'autres savent et de ce
que tout le monde ignore. Crois-en ton père,
qui a travaillé toute sa vie pour apprendre et
qui se heurte à chaque pas contre des limites
qu'il est impossible de franchir, ou voit s'allonger devant lui des espaces que tant d'autres

parcourent et dont il ne peut même approcher. C'est misère que le plus grand savoir, et la modestie est pour nous une si impérieuse nécessité qu'il y a presque de l'orgueil à en faire une vertu. Et puis, d'ailleurs, ces facultés qui nous poussent en avant, loin d'avoir le mérite de les avoir faites, nous n'avons pas même, avec toute notre philosophie, celui de les comprendre.

« Sois toujours bonne, ma fille, c'est la seule vraie science : c'est, en particulier, le premier mérite, la solide beauté pour une femme. Ce que tu fais en ce moment, avec ta mère, pour la petite Cécile vaut mieux que toutes les études que nous avons faites ensemble[1].

« Je suis heureux de voir que tu as senti tout le parti que tu dois tirer de ta première communion pour ta conduite à venir. Fais une place, une grande place, une sorte de sanctuaire dans ta mémoire pour les pensées qui vont t'occuper dans ce beau jour. Qu'elles y restent pures, lumineuses, inaltérables, et que, tous les

---

1. La petite Cécile était une enfant pauvre que Mme Ozaneaux s'était chargée d'instruire et d'habiller pour lui faire faire sa première communion.

jours de ta vie, tu puisses les retrouver comme une sauvegarde contre les fautes et les erreurs !

« Ma bonne Julie, je n'ai pas besoin de te demander des prières pour nous tous. Tu sais que, dans les dispositions où tu te trouves, les tiennes seront écoutées. Tu sais aussi ce que tu dois demander pour chacun de nous. C'est surtout ton frère et ta sœur que je te recommande : le bonheur de tes parents c'est le leur, c'est le tien. Pour moi, je ne forme jamais qu'un seul vœu relativement à cette vie : c'est de rester au milieu de vous jusqu'à ce que ma tâche envers vous tous soit remplie. Mon père, à moi, m'a quitté trop tôt. Prie aussi pour lui, car il fut bien bon.

« Adieu, mon ange ; cette bénédiction que tu me demandes s'est posée sur ta tête le 19 décembre 1823 : elle y demeurera jusqu'au dernier jour de ta vie.

« Je t'embrasse de tout mon cœur, ainsi que ma Clotilde et mon Lucien. Presse ta bonne mère dans tes bras.

« Ton père,
« G. Ozaneaux. »

Cette admirable lettre, où se reflètent l'âme élevée du père de famille et le véritable caractère de son enfant, fut appréciée par cette dernière avec des sentiments de foi et de piété filiale dont le billet suivant nous donnera l'expression :

« Paris, ce 21 juin 1837.

« Oh! père, que j'ai de grâces à te rendre! Que tu es bon de m'avoir écrit une si excellente lettre pleine de conseils si parfaits. Te dire le plaisir qu'elle m'a causé, je ne puis; il est des choses qui se sentent et ne s'expriment point. Mon cœur est plein, bien plein d'une surabondance de vie et de joie. C'est demain, demain! que mon âme tout entière va s'unir à son Sauveur, à celui qui a dit : Venez à moi, vous qui êtes affamés de bonheur.

« Hier, j'étais trop fatiguée pour t'écrire, je pleurais; mais aujourd'hui mon âme se double, se ravive, je suis heureuse d'espoir; quel sera mon bonheur demain !

« Adieu, père chéri; demain je demanderai à Dieu, à mon Père céleste, d'être réunie dans le ciel avec tous ceux que j'aime.

« Julie Ozaneaux. »

La période de la vie qu'on appelle l'enfance nous paraît close à l'époque de la première communion. C'est maintenant la jeune fille qu'il nous faut étudier avec toute la délicatesse et le respect qu'un pareil sujet comporte.

Nous croyons avoir assez démontré que Julie Ozaneaux, issue de parents jeunes, instruits, aimants et chrétiens devait à cette origine ses prédispositions naturelles au charme du caractère, au savoir, à la douceur et aux sentiments religieux. L'éducation qu'elle reçut d'un père savant, homme d'esprit et de cœur, ne pouvait produire que d'heureux résultats dont nous allons suivre le développement après en avoir goûté les prémices.

II

LA JEUNE FILLE

M. Georges Ozaneaux était Parisien et possédait toutes les qualités qui rendent ce peuple mobile aimable entre tous. Son humeur bienveillante et causeuse faisait régner la confiance et la gaîté dans son intérieur et les sentiments bourgeois, égoïstes et mesquins, étaient inconnus de ses enfants.

Parmi ces derniers, Julie était le boute-entrain. Qu'on en juge par le billet suivant qu'elle rédigea, pour être envoyé à son père, et fit signer par son frère et sa sœur :

« Mon cher père,

« Nous avons fait l'autre jour un pari, à la suite d'une discussion sur les professeurs. Comme il s'agit d'un gâteau, la chose est importante et nous te prenons pour arbitre.

« Maman a déclaré que nous avions tort tous les trois, mais nous n'acceptons point cette décision. — Or, voilà l'affaire :

« Nous parlions de mon goût pour le corps

enseignant, et Clote et Lucien me raillaient là-
dessus en disant qu'il y avait plus de professeurs
ganaches ou pédants que de professeurs instruits et modestes. Je me récriai et j'assurai que
sur cent professeurs, il n'y en avait que trente
pédants et vingt ganaches. Grand bruit, alors et
Clotilde, oubliant sa dignité, s'écria, en écla-
tant de rire, que, sur cent professeurs, il y
avait cinquante pédants, quarante-neuf ganaches et *un* gentil.

« Puis Lucien déclara magistralement que,
pour lui, il savait fort bien que, sur cent professeurs, on trouvait quatre-vingt-dix-neuf pédants
et une ganache.

« On cria, on rit, et on finit par décider qu'il
fallait s'en rapporter à M. Georges Ozaneaux,
inspecteur général en tournée. — Il est prié, s'il
se trouve embarrassé, de communiquer le cas à
son confrère, M. Naudet, dont la haute expérience ne pourra qu'être fort utile.

« Chacun de nous déclare qu'il soutient son
opinion envers et contre tous, jusqu'à ce qu'un
jugement équitable mette l'accord entre les
parties. En foi de quoi nous signons,

« JULIE, CLOTILDE, LUCIEN. »

Les deux graves et spirituels destinataires durent bien s'amuser en lisant ce message; malheureusement le texte de leur réponse a été égaré...

La gaieté de Julie Ozaneaux, la précocité de son intelligence, ses réparties charmantes et le don qu'elle avait d'animer toutes les réunions, l'avaient fait surnommer, par son entourage, la *Reine des écoliers*. Enfants, vieux professeurs, jeunes gens et jeunes filles de son monde, se pressaient autour d'elle et recherchaient sa compagnie. Chose extraordinaire, affirmée par ses contemporains des deux sexes, elle plaisait à la fois aux hommes et aux femmes, et elle était si gracieuse et si simple, dans l'exercice de sa royauté juvénile, que ses compagnes elles-mêmes ne ressentaient aucune jalousie.

Sa franchise était parfaite et elle n'avait rien de caché pour ses parents. Dans une lettre écrite à son fiancé elle dit d'elle-même :

« Lorsque j'avais causé avec quelqu'un, autrefois, je racontais tout à ma mère, même mes folies de « Reine des écoliers ». Cela me valait souvent des reproches, et Clotilde me grondait d'être si confiante. »

Elle avait une profonde répugnance au mensonge :

« Quelle horrible chose que le mensonge,
écrivait-elle à M. Ozaneaux en 1840; oh! père,
je te jure qu'un mensonge, dût-il me sauver la
vie, je ne le ferai jamais. »

Enfin ce gracieux souvenir, cueilli dans sa
correspondance, achève de nous montrer la
candeur de son âme et l'originalité de ses pensées de jeune fille :

« Lorsque j'étais petite et qu'on me menait au
spectacle, il m'est arrivé souvent de dire tout
bas une prière pour remercier le bon Dieu du
plaisir que j'avais : je ne me suis jamais rappelé
cette naïveté sans plaisir. »

M. Georges Ozaneaux, à qui ses fonctions
donnaient des loisirs pendant une grande partie
de l'année, s'était installé à Versailles. Il y
demeura, rue Mademoiselle, 5, de 1838 à 1844,
s'occupant de l'éducation de ses enfants et com-
posant des ouvrages importants tels qu'une
Histoire de France, en deux volumes, qui fut
couronnée par l'Académie, et un dictionnaire
français-grec. Ses goûts poétiques étaient entre-
tenus par l'intime amitié qui l'unissait à Casimir

Delavigne avec lequel il échangeait toutes ses productions littéraires et il trouvait, dans les splendeurs versaillaises, une source inépuisable d'inspirations. Sa fille Julie sut apprécier avec lui les vestiges de la grandeur monarchique, elle comprit et admira Versailles, si bien qu'elle devint l'auteur des célèbres *Légendes de Trianon* et elle aima tant cette ville royale qu'elle voulut y dormir de son dernier sommeil.

La vie, rue Mademoiselle, était simple et retirée du monde. M. Ozaneaux allait seul aux inévitables bals de la cour ou du ministère. Quelques soirées, en petit comité, chez des amis où l'on s'amusait d'ailleurs fort bien à danser et à jouer des charades, étaient les distractions ordinaires de ses filles.

« A la maison, chacun s'occupe de son côté toute la journée, écrivait Julie Ozaneaux en 1843; mon père dans son cabinet de travail, entouré d'un double rempart de livres et de papiers, Lucien à sa pension avec ses *x*, Clotilde et moi près de maman. Le soir, toute la famille se réunit autour d'une table gaiment éclairée : on lit, on cause, on travaille, et cela vaut bien des soirées bruyantes. Cependant, une invitation royale, pour le spectacle de Trianon, est venue la semaine dernière rompre cette uniformité. Mon père y est allé avec Clotilde et nous a fait, au retour, cent merveilleux récits sur la beauté ravissante et les toilettes des jeunes princesses [1]. »

Aux vacances, on allait passer, chaque année, deux mois dans le Nord, à Seclin, chez la mère de Mme Ozaneaux. Le portrait de cette digne flamande et la description de son intérieur ont été faits, de main de maître, par Mme Julie Lavergne dans un opuscule inédit intitulé : *Recettes de ménage*, qu'elle écrivit à l'usage de sa fille Rose. Nous les donnons ici, non seulement à titre de curiosité, mais, parce qu'ils complètent l'exposé des diverses influences sous lesquelles se formèrent le caractère et les habitudes de Julie Ozaneaux.

« ... Chère bonne-maman! Puisque son nom vénéré est venu sous ma plume, je veux parler d'elle encore. Toute sa vie s'était passée à la maison, et elle n'y mangeait pas son pain dans

1. Fêtes données à l'occasion du mariage du prince de Joinville.

l'oisiveté, Dieu le sait ! Elle éleva dix enfants dont sept n'étaient pas les siens, et elle sut, par son travail, assurer l'honorable repos de sa vieillesse. Lorsque je la connus, sa vie active semblait terminée. Elle avait cédé à ses enfants sa maison de commerce et s'était retirée à la campagne près d'une tombe chérie. Tous les ans, nous allions la voir aux vacances, et je me souviens encore de nos cris de joie quand la lourde diligence s'arrêtait devant sa maison. Elle nous attendait sur le perron fleuri, les yeux humides, les bras ouverts. À peine l'avions-nous embrassée, nous courions revoir nos chambres parées de fleurs et de rideaux blancs, le jardin, la prairie. Puis, nous revenions embrasser mille fois la chère bonne-maman, et, pendant deux mois, ce n'étaient que fêtes, promenades, tapage et folies d'enfants en vacances.

« Nous étions la gaîté du logis, mais bonne-maman en était l'âme. Elle ne sortait que pour aller à la messe. Dès le matin, elle parcourait tous les coins de la maison et du jardin, distribuant la tâche, les éloges et les réprimandes à qui de droit. Rien n'échappait à sa vigilance. Bêtes et gens semblaient heureux de cette inspection matinale. Les pigeons volaient à sa rencontre, les chiens de chasse sautaient de joie en la voyant, le bon vieux cheval tirait sa longe pour s'approcher de sa maîtresse, et, si quelque poule en maraude l'apercevait de loin, elle se hâtait de rentrer, se sentant coupable. Chemin faisant, la bonne-maman ramassait toujours quelque plume tombée de l'aile d'une poule ou d'un oiseau qui avait passé, et elle la portait précieusement dans le fournil où un grand tonneau contenait toutes les dépouilles des volatiles immolés à la cuisine. Chaque année, on y puisait pour faire de bons petits oreillers pour les enfants pauvres, et ces dons se joignaient aux nombreux vêtements que bonne-maman faisait pour les pauvres. Elle en distribuait beaucoup, sous la condition expresse qu'on ne la remercierait point. Elle avait fait de tels ingrats, qu'elle voulait donner à Jésus seul et ne rien plus attendre de la reconnaissance des hommes.

« Elle en inspira cependant, et tout ce que l'affection et le dévouement peuvent suggérer de soins et d'attentions, lui fut prodigué et consola ses derniers jours. Vous connaissez l'âme qu'elle a formée, vous avez vu notre bonne Céline [1] à l'œuvre, et elle vous dira d'où lui viennent ces traditions d'honneur, de travail et de charité qui nous la rendent si respectable..... »

Les années s'écoulaient, heureuses et paisibles, dans le beau séjour de Versailles. Pendant deux ou trois mois, M. Ozaneaux s'absentait pour inspecter différentes régions universitaires, le reste du temps son plaisir était de diriger les progrès intellectuels et de perfectionner l'instruction de sa fille Julie dont voici le portrait moral fait à cette époque et dépeint par elle-même, dans une lettre adressée à son père chéri. Elle avait alors dix-sept ans et demi.

« J'aime beaucoup toucher à tout, cela multiplie les jouissances, et, grâce à cette espèce de système, j'écoute avec plaisir, tantôt une grave conversation, tantôt une folie. Après avoir raisonné et déraisonné avec des vieux, je cours avec des enfants, ou je joue avec des chiens et des chats. Je regarde avec admiration un beau

---

1. Mlle Céline Catillion, pieusement décédée à Versailles, le 31 décembre 1877.

tableau, j'écoute une belle musique avec grand plaisir, et cela ne m'empêche pas de me faire accompagner par un mirliton et d'en rire de tout mon cœur. Enferme-moi, avec des livres sérieux, j'étudierai; avec des pasquinades, je rirai toute seule. Enfin, je suis aussi disposée à raccommoder des bas qu'à lire les bouquins les plus enfumés et les plus savants. N'importe où j'irai, je trouverai à m'occuper.

« Une seule chose m'est tout à fait étrangère : c'est d'aimer la compagnie des gens stupides et ignorants; mais ce qu'il y a de plus agréable au monde, à mon avis, c'est d'être entourée de gens instruits, bons, spirituels. Ce bonheur-là ne m'a jamais manqué et je fais des vœux pour l'avoir toujours[1]..... »

Ce bonheur était pourtant gâté par un regret persistant qu'on s'explique, d'ailleurs, étant donnée la conscience que Julie Ozaneaux devait avoir, sans vanité aucune, de sa supériorité sur les autres personnes de son sexe.

Elle en fit, un jour, la confidence à son père qui inspectait, en 1841, le collège de Colmar, où

1. 2 juin 1841.

il avait occupé sa première chaire de professeur,
en 1817.

« ... Il faut te parler du chagrin de ma vie,
du seul chagrin durable que j'aie eu, et qui est
irréparable : *Je suis une fille*, voilà mon mal-
heur, et je ne puis être garçon. Hélas ! si je
l'étais, mes études seraient terminées et je t'assure qu'elles auraient été bonnes. Fier de mes
prix au concours général, encore plus fier du
nom que je porte, je verrais cent carrières ho-
norables ouvertes devant moi ; je choisirais la
tienne, je serais professeur et peut-être irais-je
à Colmar recommencer ta vie.

« Fille que je suis, qu'ai-je fait depuis dix-
sept ans ? Que m'est-il resté ? J'ai été heureuse,
je le suis beaucoup, mais je n'ai rien fait pour
cela. Garçon, j'aurais été un savant, je serais
parvenu, par mes talents, à une position honorable, tu aurais été fier de moi. Fille, j'ai
émietté mon temps en petites occupations fe-
melles. Je ne sais rien parfaitement. Le latin,
ces sciences que j'aimais, j'y ai renoncé, et cependant je crois que j'y aurais réussi. Mais, je
suis fille, et j'avais peur des bas bleus. Mais, je

m'aperçois que ma plume a trop suivi ma pensée, je déraisonne.....

« Aime-moi toujours, mon père chéri, bien que je sois l'être incommode et stupide qui s'appelle une fille à marier. Si je ne puis trouver un mari qui soit ce que j'aurais voulu être, je resterai fille, je ne te quitterai pas, et, à mesure que mes années passeront, j'étudierai, j'apprendrai, et, quand je serai vieille, je serai savante. C'est une consolation.

« Salue pour moi la belle Alsace. Dis à tes amis que je les aime parce qu'ils t'aiment. Écris-moi, je t'en prie, père chéri, et aime-moi toujours comme si je pouvais signer

« JULES OZANEAUX. »

Fille à marier ! Pour la première fois, nous découvrons la trace de cette préoccupation si commune aux jeunes personnes. Mais Julie Ozaneaux ne l'envisageait pas comme la plupart de ces dernières qui ne voient dans le mariage qu'une belle cérémonie suivie d'indépendance, de sorties et de toilettes agrémentées d'un époux soumis et toujours en admiration devant leurs charmes impérissables et leurs

extraordinaires qualités. Trop intelligente pour
s'illusionner et ne pas pressentir l'austérité de
la vie conjugale, elle se résignait au mariage,
mais, à la condition de ne pas déchoir au point
de vue intellectuel. Elle voulait un mari qui
fût ce qu'elle aurait voulu être, et, plutôt que
de renoncer à vivre dans un milieu analogue à
celui où elle avait passé sa jeunesse, elle pré-
férait le célibat.

Mais Dieu réservait à cette âme d'élite le
bonheur de s'élever au delà de ses rêves, et lui
fit aimer et épouser un artiste.

« L'artiste, disait Auguste Préault, est celui
qui voit plus grand, plus haut et plus clair que
les autres hommes. — Voyez-vous cette étoile ?
dit-il, au vulgaire. — Non. — Eh bien, moi, je
la vois. »

III

LA FIANCÉE

S'il est un sujet délicat à traiter, surtout pour un fils, c'est celui qui fait l'objet de ce chapitre. Non pas que les documents nous fassent défaut, bien au contraire, mais à cause de la difficulté qu'il y a de séparer les choses intimes du cœur, qui réclament l'ombre et le silence, des choses intimes de l'esprit pouvant être révélées.

Le silence absolu, sur les unes et les autres, conviendrait peut-être mieux; mais nous avons entrepris d'écrire cette histoire aussi complète que possible, et il importe de connaître les impressions produites par les nouvelles tendances du cœur sur le caractère de Julie Ozaneaux.

Nous entr'ouvrirons donc, d'une main très discrète, l'écrin contenant la correspondance échangée entre les fiancés; quelques citations de ces lettres remplies des sentiments les plus purs et les plus gracieux suffiront d'ailleurs pour jeter un vif éclat sur cette partie de notre étude.

Un jeune artiste lyonnais, Claudius Lavergne, élève d'Ingres, ami du R. P. Lacordaire, était venu produire son talent à Paris après avoir longtemps travaillé en Italie. Ses relations avec l'illustre dominicain et ses habitudes religieuses l'invitaient à entrer dans l'ordre des Frères prêcheurs nouvellement rétabli en France ; mais ses amis laïques l'en détournaient, et l'un d'eux, le docteur Jean-Paul Tessier[1], voulut à toutes forces, avant qu'il prît une décision, lui faire rencontrer Mlle Julie Ozaneaux. Le mariage d'un de ses confrères, M. Alphonse Milcent épousant, à Auteuil, Mlle Constance Bréchemin, fournit le prétexte à une longue entrevue. Elle fut décisive. L'étincelle jaillit de part et d'autre, et, dès ce jour, ces deux jeunes gens, dont l'un se croyait rebelle au mariage, et l'autre ne voulait épouser qu'un professeur, se jurèrent, *in petto*, qu'ils seraient l'un à l'autre.

Mis en présence d'une demande officielle transmise par le docteur J.-P. Tessier, agissant au nom de M. Marin Lavergne, peintre héraldique à Lyon, père du prétendant, M. Georges

1. Médecin des hôpitaux de Paris. Fut un des chefs de l'école homéopathique.

Ozaneaux entreprit, selon l'usage, la course aux renseignements.

En tête de la liste des personnes auxquelles il pouvait s'adresser, à Paris, figurait le nom de M. Dufriche-Desgenettes, curé de Notre-Dame-des-Victoires, où s'était formé récemment le premier groupe des Conférences de Saint-Vincent de Paul dont Claudius Lavergne faisait partie.

M. Desgenettes reçut avec une froide politesse la visite de M. Ozaneaux, écouta ses questions sans rien dire; puis, lorsque ce dernier eut fini de parler, se contenta de humer deux ou trois prises de tabac en hochant la tête.

M. Ozaneaux, un peu surpris, attendit un instant la réponse suivante :

« Monsieur, je n'ai pas l'honneur de vous connaître, non plus que mademoiselle votre fille; tout ce que je puis vous affirmer c'est que je vous ferais mes plus sincères compliments si M. Claudius Lavergne devenait votre gendre. »

Le visiteur, satisfait, prit congé et ne poursuivit pas plus loin son enquête. La seule et dernière démarche qu'il fit encore fut d'aller voir le jeune artiste dans son atelier, rue de l'Ouest, afin de juger son talent et d'examiner son intérieur de garçon. Il revint avec lui, l'ayant invité à dîner.

A partir de ce jour, Claudius Lavergne fut admis à faire sa cour et à correspondre librement avec sa fiancée. L'influence immédiate, évidente, qu'il exerça sur elle eut un caractère essentiellement religieux, non qu'il lui imposât la moindre contrainte à ce sujet, car sa conviction, formulée dans une de ses lettres à cette époque précise, était qu'*on ne sert bien le bon Dieu qu'avec une entière liberté*, mais par la seule force de l'exemple, par le seul entraînement de la sympathie.

Disciple fervent du brillant orateur dont l'éloquence avait ramené à l'Église et groupé autour de la chaire de Notre-Dame un magnifique auditoire d'hommes, il était prieur du tiers ordre de Saint-Dominique, dirigé par le R. P. Lacordaire. L'ardente piété, qui naguère le poussait vers l'apostolat, ne se ralentit pas au seuil de l'hyménée ; nous la voyons, au contraire, se communiquer rapidement à l'âme de sa fiancée qui, dans une de ses premières lettres, lui fit l'aveu de sa quasi-conversion.

« ... C'est en rougissant que je pourrais vous

dire combien un peu de temps passé dans le
monde avait affaibli en moi les pures croyances
de ma première jeunesse. C'est en vous aimant
que je les ai retrouvées, et rien ne saurait exprimer le bonheur que j'ai senti en me retrouvant, tout d'un coup, digne de prier et de prier
pour vous. Soyez mon guide, ami, rendez-moi
bonne et pieuse comme vous, et surtout ne dites
plus, même en riant, que je ne vous aime pas ;
croyez que c'est un grand et impérissable
amour que celui qui se fonde sur le respect,
l'estime, et se mêle à nos plus saintes croyances.

« Quelle belle vie que la vôtre, Claudius ; que
de bien déjà fait en peu d'années ! Quelle gloire
pour moi de partager votre avenir !..... »

Deux mois après, l'évocation de son ancienne
manière d'être se retrouve encore dans cette
même correspondance :

« ... Parfois il me souvient d'un beau monsieur Claudius que j'aimais déjà sans le vouloir
et qui me regardait danser, à Auteuil, d'un air
sévère et grave, et je ne puis croire que ce soit
là le même que mon cher fiancé si aimant pour
sa Julie..... Et puis je me rappelle mes regrets
après ce bal ; et comme je me disais : La femme

qu'il choisira sera bien heureuse! Ce ne sera jamais moi; il m'a vue si folle, si légère, qu'il m'oubliera demain. Tant de bonheur ne sera jamais à moi..... »

Quelques extraits de ces lettres intimes montreront de quelle façon Julie Ozaneaux comprenait le mariage et le rôle d'une épouse intelligente. Ces courtes citations étant faites, je refermerai l'écrin qu'on ne me reprochera pas, j'espère, d'avoir légèrement entr'ouvert.

« ... Serons-nous heureux toujours? Je parle de ce bonheur qui dépend de nous seuls. Voilà la question que je m'adresse bien souvent. Je crois que oui.

« Plus j'observe (ne riez pas, cela est vrai, j'observe quelquefois!), et plus je m'assure que les angles rentrants de mon caractère s'emboîtent avec les angles sortants du vôtre. Vous allez vous moquer de ma comparaison; j'accorde qu'elle est drôle, mais je soutiens qu'elle est juste.

« Dans le temps où je faisais de l'esprit, j'ai quelquefois comparé les gens qui se mariaient sans se connaître à ces voyageurs qui s'entassent dans une voiture pour un long trajet.

« Au commencement, ils sont horriblement mal ; les coudes de l'un percent les côtes de l'autre, le panier de celle-ci blesse celui-là, chacun se plaint et lance des regards féroces à ses voisins. On parle de faire quitter à chacun ses paquets ; il n'est personne qui n'ait l'idée de lancer par la portière celui qui le gêne, mais la honte et la politesse retiennent chacun. La voiture part et, avant qu'elle ait franchi quelques lieues, les voyageurs sont déjà mieux, les paquets se casent, les jambes se placent, les coudes s'arrondissent, ils finissent par être passablement à leur aise et font le voyage sans trop d'ennui, mais aussi sans se parler autrement que de la pluie et du beau temps... Il est bien entendu qu'il n'est nullement question de nous dans tout ce verbiage!..... »

« ... Décidément, je crois que je serai une bonne femme de ménage. Le bonheur intérieur se compose de mille petits détails, insignifiants lorsqu'on les sépare, immenses quand on les réunit.

« Je veux que mon mari, en rentrant trouve

toujours sa maison en ordre, sa femme parée
pour le recevoir, son dîner prêt et bon. Vous
riez, mon ami, et moi aussi ; mais cela est sérieux au fond. Il y a des femmes assez sottes
pour mépriser tout cela ; mais je ne suis pas de
cet avis et je sais que les contrariétés de chaque
jour aigrissent, à la longue, le meilleur caractère. Et puis, je connais des dames qui n'ont
d'autre conversation avec leurs maris que les
embarras domestiques. Je ne veux pas être
ainsi, et, quand je parlerai ménage, parlez-moi
politique, cela me rappellera à l'ordre..... »

« ... Certes, mon ami, c'est Dieu qui a conduit
toutes nos petites affaires. Depuis le jour où
nous nous sommes vus pour la première fois,
pas un mot n'a été dit qui pût nous désunir.
Nous aimer, nous accorder en tout, cela semblait bien simple ; mais que toutes les volontés
de nos parents et de nos meilleurs amis aient
concouru au même but, voilà qui est bien rare.
Notre mariage était écrit dans le ciel, et toute
notre vie nous remercierons Dieu de nous avoir
donnés l'un à l'autre. »

La nature un peu mystique de la cour faite par Claudius Lavergne à sa fiancée n'excluait pas la gaieté. Le jeune artiste, très beau garçon, plein d'entrain et chanteur agréable, augmentait, par sa présence, la joie qui régnait d'ordinaire chez les Ozaneaux.

Une inquiétude, pourtant, agitait son cœur : qu'allait dire le P. Lacordaire de la défection apparente d'un prosélyte sur lequel il comptait sans doute, pour le noviciat des Frères prêcheurs.

Questionné à ce sujet, l'illustre dominicain répondit par la lettre suivante qui prouve, une fois de plus, l'élévation de son esprit et le désintéressement de son amitié :

« Nancy, le 30 août 1844.

« Mon cher ami,

« Comment avez-vous pu penser que votre mariage vous ôterait quelque chose de l'amitié que je vous ai vouée ? Tout le monde, même les plus pieux, ne sont pas appelés au célibat : c'est une grâce particulière que Dieu ne fait qu'à un certain nombre d'âmes. Lorsqu'on s'unit chrétiennement à une âme qui est attachée à Dieu comme nous, c'est un moyen de plus de salut. Ce qui rend tant de mariages misérables pour ce monde et pour l'autre, c'est qu'on n'y cherche que la fortune ou la beauté, la satisfaction de l'avarice ou des sens ; mais lorsqu'on cherche l'âme avant tout, c'est alors que le mariage devient une chose aimable et sacrée, une source de joie et de bénédiction, tellement estimée de Dieu, qu'il a voulu que le mariage fût le symbole de l'union de Jésus-Christ avec son Église. Allez donc en paix où Dieu vous appelle ; j'espère que vous en deviendrez meilleur encore et que le *tiers ordre*, loin de vous perdre, verra croître votre piété et votre dévouement pour lui.

« Vous recevrez bientôt un exemplaire d'un éloge funèbre de Mgr de Janson, que je viens de prononcer à la cathédrale de Nancy. J'en enverrai aussi aux deux Tessier et à M. Desgenettes.

« Adieu, mon cher ami ; je vous embrasse tendrement et suis tout à vous de cœur.

« Fr. Henri-Dominique LACORDAIRE,
« des Fr. Prêch. »

Approuvé, encouragé de la sorte par son confesseur, Claudius Lavergne se donna tout

entier à son amour, et sa correspondance avec
sa fiancée n'est plus qu'une incantation, qu'un
hymne d'allégresse écrit dans le ton de la
plus parfaite harmonie.

Pour couronner son bonheur, il ne désirait
plus que de voir son union bénite par Lacordaire, et sa joie fut complète lorsqu'il reçut de
ce dernier la charmante lettre qu'on va lire :

« Nancy, 12 septembre 1844.

« Mon cher ami,

« J'accepte avec bien de la joie l'offre que
vous me faites de bénir votre mariage, vous ne
pouviez rien me proposer qui m'allât davantage
au cœur. Mais imaginez que je ne puis pas être
à Paris avant le 15 novembre, pour des raisons
que je vous dirai plus tard. Si vous n'êtes pas
effrayé d'attendre si longtemps, dans une occasion où l'on est d'ordinaire si pressé, j'en serai
bien heureux.

. . . .

« Je me réjouis, mon cher ami, de vous revoir dans des circonstances si solennelles pour
vous et d'achever, par votre mariage, l'année 1844 qui a été pour moi féconde en choses

heureuses que je ne pourrais presque pas vous
dénombrer tant elles ont été multipliées. Je
vous apporterai, pour cadeau de noces, le premier volume de mes conférences de Notre-
Dame dont on achève l'impression.

« Écrivez-moi un petit mot, mon cher ami,
afin que je sache à quoi m'en tenir pour ce cher
mariage. Quoi que vous déterminiez, je vous
approuve et vous aime encore bien plus que
vous ne le méritez.

« Fr. Henri-Dominique LACORDAIRE,

« des Fr. Prêch. »

« *P.-S.* — J'ai prié pour vous deux le jour de
la Nativité. »

La cérémonie du mariage eut lieu le 9 novembre 1844, en l'église paroissiale de Saint-
Louis-en-l'Isle, où Julie Lavergne avait été baptisée. Le R. P. Lacordaire avait pu revenir à
Paris pour cette date, et, se trouvant en présence d'un grand auditoire composé, en ma-
jeure partie, d'universitaires qui n'allaient pas
souvent au sermon, profita de la circonstance
pour leur faire entendre un exposé magistral
de la religion catholique. Ce discours impro-

visé du haut des marches de l'autel, n'a malheureusement pas été recueilli.

Il y eut réception chez M. Ozaneaux, et la fête se termina par un bal. Au cours de cette soirée, Claudius Lavergne apercevant son beau-père triste et silencieux dans une embrasure de fenêtre, s'approcha de lui pour le distraire.

« Ah ! mon cher ami, lui dit en soupirant M. Ozaneaux, jamais je n'ai autant regretté que Julie ne soit pas un garçon.

— Eh ! mon cher beau-père, riposta le gendre, je ne suis pas de cet avis ! »

IV

LA JEUNE FEMME

« Saint François de Sales a dit : « Si le mariage
« était toujours précédé d'un noviciat, on verrait
« peu de probations. » J'ose ajouter : Et surtout
pas de mauvais ménages.

« En effet, ce qui manque à la plupart des
jeunes épouses, c'est de s'être préparées à leur
vocation, c'est d'avoir envisagé sérieusement
l'état qu'elles choisissent. Les jeunes filles passent des poupées aux enfants sans autre transition
que d'avoir joué elles-mêmes le rôle de poupées
entre les mains de mères trop tendres; elles
s'imaginent trouver chez un mari l'indulgence
maternelle, jouir d'une grande liberté, être
chéries, admirées, s'y prendre si bien qu'elles
ne souffriront ni ne vieilliront jamais. Hélas¹! »

Mme Claudius Lavergne se trouvait prémunie
d'une exceptionnelle façon pour éviter ces erreurs. L'éducation qu'elle avait reçue, les exemples qu'elle avait eus sous les yeux à la maison

1. Julie Lavergne, *Recettes de ménage*.

paternelle non moins que la clairvoyance de son esprit la mettaient à l'abri des illusions et lui avaient appris ses devoirs; elle savait que la femme a été créée pour être l'aide de l'homme et non pas son idole, et, puisqu'elle a formulé dans ses *Recettes de ménage*, sorte de théorie pratique de la vie, restée à l'état de manuscrit incomplet, les principes moraux et matériels dont elle avait fait la règle constante de ses propres actes, nous ne saurions mieux faire que d'en reproduire ici les principaux passages.

Après avoir affirmé que le secret du bonheur terrestre résidait uniquement dans le respect de la volonté de Dieu et l'abandon à sa providence, elle poursuit en ces termes :

« ... Dieu veut être aimé, — et nous aussi nous voulons être aimées; et c'est là, souvent, la pierre d'achoppement de notre bonheur. Nous sommes si peu de chose pour être aimées! Êtres fragiles et changeantes, composées d'imperfections et de misères, mais éternellement affamées d'amour, c'est un effort de vertu pour nous que de laisser à Dieu la première place dans le cœur que nous voulons posséder.

« Et d'abord il faut faire cet effort, ne pas prétendre être adorées, servies comme Dieu seul doit l'être ; ne pas exiger que l'on nous aime aveuglément, avec nos défauts, nos taches, nos rides, tout ce qui est répréhensible en nous. — Et puis, il faut être aimables, et à mesure que les années nous enlèveront ces grâces fugitives dont le passage est si rapide, il faut qu'à ces fleurs printanières, succèdent les épis de l'été, les fruits de l'automne ; c'est là le grand art... »

Le chapitre des « Recettes de ménage » intitulé : *le Foyer* a pour épigraphe ces mots que l'on trouva gravés, dans les catacombes, sur le tombeau d'une matrone romaine : *Domum mansit;* mots célèbres et profonds, que nous retrouverons à la fin de cette histoire, et dont voici le commentaire :

« Le jour où tu recevras la bénédiction nuptiale, ma fille, un voile sera étendu sur ta tête et celle de ton mari pendant que le prêtre prononcera ces admirables paroles qui résument tous les devoirs des époux. — Que signifie ce voile? C'est le mémorial du premier abri des Patriarches ; c'est la tente, c'est l'image du toit domestique. Vous aurez la même demeure ici-bas, vous aspirez à la même demeure immortelle ; — le voile qui semblera, pour quelques instants, vous séparer du monde, vous laisser tous les deux seuls devant le prêtre qui tient la place du Dieu d'Abraham, d'Isaac et de Jacob, vous représente la *Maison*, lieu béni, presque sacré, où l'épouse sera établie gardienne de l'honneur et du bonheur de l'époux.

« Chez les païens, la maison était, elle est encore, pour la femme, une sorte de prison. Chez les chrétiens, elle est son royaume, et pourtant il est peu de chrétiennes de nos jours à qui pourraient s'appliquer les deux mots qui résumèrent la vie d'une matrone romaine : *Domum mansit!*

« Ma fille, je te recommande et te souhaite de toutes les forces de mon cœur, de mériter cet éloge. Dès le premier jour, que ton logis soit grand ou petit, élégant ou pauvre, n'importe ! restes-y et rends-le aimable. N'en sors que sur l'invitation ou la permission de ton mari. Oublie plutôt la maison paternelle que de négliger la tienne. Que tout ce qui peut plaire à ton mari se trouve rassemblé par tes soins. Étudie ses goûts dans les moindres détails ; que rien ne contrarie ses yeux chez lui. Que ses amis y soient reçus en frères.

« Ne ferme *jamais* ta porte. Il vaut mieux subir vingt visites importunes que d'en congédier une bonne. J'ai horreur des portes closes, des intérieurs murés, de ces maisons qui ne s'ouvrent qu'à certaines heures, de ces foyers qu'on n'entrevoit que masqués et déguisés, de ces femmes vaniteuses qui se cachent pour raccommoder leur linge et trainent des savates et des papillotes six jours par semaine, pour s'habiller en princesses le septième et tenir salon. La femme chrétienne doit être toujours proprement et dignement vêtue et toujours prête à recevoir l'hôte que la Providence lui envoie. Rien de désagréable aux gens sensés comme de voir ces changements perpétuels d'accoutrements des jeunes femmes, tantôt chenilles, tantôt papillons. Il faut avoir dans sa mise une certaine égalité, aussi éloignée du luxe que de la négligence. La femme forte est louée, dans l'Écriture, à cause de ses vêtements de lin et de pourpre. Une femme mariée doit être parée honnêtement et modestement pour plaire à son époux et pour lui plaire à toute heure. Celles qui ne se parent que pour sortir font mal penser d'elles. Une honnête femme ne doit pas attirer l'attention dans la rue, et plus elle est belle et jeune, plus elle doit se voiler, surtout si elle sort sans son mari.

« Mais, je le répète, ma fille, sors le moins possible sans ton mari. Même pour le service de Dieu, choisis de préférence les œuvres que tu pourras faire chez toi. Travaille pour les pauvres dans ta maison ; va tous les matins, de très bonne heure, à une messe basse. Une femme mariée doit prier chez elle plus long-temps qu'à l'église. Marie, sœur de Lazare, Marie qui est la personnification de la vie con-templative, écoutait Jésus *chez elle*. Notre-Sei-gneur se plaît dans les maisons où on le sert, où on travaille, où son image est à la place d'honneur, ce n'est pas le temple, mais l'atelier de Nazareth ; il y vient invisiblement et le foyer chrétien est sacré.

« Quant à la visite des pauvres, elle ne convient pas à une jeune femme dans les grandes villes, à moins d'être bien accompagnée. Je te conseille de ne t'y risquer que lorsque tu auras des enfants, ou en compagnie des religieuses.

Mais n'y va jamais seule, si ce n'est au village.

« Tu as trop de bon sens pour jamais imiter ces dames désœuvrées qui vont de magasin en magasin remuer les chiffons et ennuyer les gens. Si elles savaient ce qu'on dit d'elles, et avec raison! Rien de plus sot que de faire une affaire d'état du choix d'un couvre-chef ou d'un cotillon.

« Pour peu qu'on ait quelques notions d'art et l'esprit de son âge et de son état, on a vite discerné ce qui sied et ce qui convient. ... »

. . . .

La simplicité chrétienne, l'amour du logis, qu'elle qualifia si bien de *perfection féminine*, étaient si grands chez Mme Lavergne qu'elle souscrivit avec empressement aux obligations imposées aux membres du tiers ordre dominicain, et l'on sait que pour faire partie de cette pieuse fraternité, les femmes doivent renoncer aux distractions mondaines, telles que bals et spectacles, et ne plus jamais porter de bijoux. Inutile d'ajouter qu'en ce temps-là, comme à présent du reste, les tertiaires étaient peu nombreuses.

En 1847, le maître directeur du tiers ordre

de la Pénitence de Saint-Dominique, fraternité de Paris, était le R. P. Lacordaire, Mme la comtesse de Mesnard était sœur prieure, et Mme Julie Lavergne, sœur secrétaire.

Dix mois après la célébration des noces, le 6 septembre 1845, le jeune ménage Claudius Lavergne eut un premier enfant qui vint au monde, en l'île Saint-Louis, chez M. Ozaneaux. Nous trouvons dans le manuscrit inachevé de la *Vie de Lucie Lavergne, en religion sœur Marie Stella de Sion*, écrite par sa mère, le récit gracieux et prophétique des circonstances qui accompagnèrent cet événement :

« Oh! comme j'attendais ta naissance impatiemment, mon enfant premier-né! Avec combien de larmes je te demandais à la Sainte Vierge lui promettant que tu lui appartiendrais! Quels jolis petits vêtements cousait ma bonne mère pour toi, et avec quelle joie je préparais ton petit berceau blanc entouré de mon voile de première communion!

« Ma mère se mourait presque. Elle sembla renaître, et le bonheur prolongea sa vie quand on vint lui dire : Vous avez une petite-fille!

« Elle accourut, chancelante, et bénit ma

Lucie ; déjà son père lui avait mis au cou la médaille de la Sainte Vierge. Il était quatre heures du matin : une étoile brillante rayonnait au-desssus des tours Notre-Dame que l'on voyait de nos fenêtres. *Stella matutina !* aurore des joies maternelles, premier prélude du sacrifice, l'enfant qui m'était donnée devait plus tard prendre ton nom.

« Claudius courut annoncer la naissance de sa fille au R. P. Lacordaire. Il pleurait.

« Pourquoi pleurez-vous, lui dit le Père ; « n'êtes-vous pas heureux ? — Je le serais tout « à fait, mon père, si j'avais un garçon. Mais « une petite fille ; c'est un être si faible, si dé- « licat, destiné à tant de souffrances ! — Ne vous « inquiétez pas d'elle, reprit le P. Lacordaire ; « le salut d'une fille est bien plus assuré que « celui d'un garçon. La vôtre sera religieuse, « et une sainte religieuse. » Lucie ne connut cette prédiction qu'après l'avoir réalisée, vingt ans plus tard. Nous ne l'avions pas oubliée, nous, ni cette étoile si brillante à l'heure de la naissance de la future sœur Marie Stella.

« L'enfant fut baptisée par le R. P. Lacordaire à Saint-Louis, où j'avais été baptisée et mariée.

Ce rapprochement inspira à mon père des vers charmants. Il y prédisait à ma fille le même destin que moi : les joies de l'épouse et de la mère. Le saint religieux voyait plus loin et plus juste... »

Avant de suivre Mme Lavergne dans l'exercice de ses fonctions maternelles, avant d'exposer ses idées en matière d'éducation, il est nécessaire d'ouvrir une parenthèse dans laquelle nous étudierons la femme idéale de l'artiste, c'est-à-dire la femme qui ne se contente pas d'être épouse chaste, bonne mère de famille, vigilante ménagère, mais qui trouve aussi moyen de devenir, à force d'affection et de volonté, la confidente des aspirations intellectuelles de son mari, l'aide et le conseil éclairé de ses travaux.

V

LA FEMME DE L'ARTISTE

« Il faut que la femme qui épouse un artiste
sache qu'elle voue sa vie au sacrifice », a dit
Meissonier.

En effet, l'artiste a des projets et des rêves
qui l'occupent jour et nuit. Sa femme, si parfaite et si aimée soit-elle, ne peut et ne doit espérer que la seconde place dans son cœur et
dans son esprit. De la réalisation de ces projets
et de ces rêves dépendent non seulement sa
propre gloire mais encore celle de son pays.

La mission de la femme, toute d'abnégation
et de dévouement, consiste à s'oublier elle-
même pour favoriser, dans la mesure de ses
moyens, l'essor du génie de son mari. Douée
de facultés ordinaires elle peut, en l'entourant
de soins et d'affection, lui assurer le repos dans
un intérieur paisible et la santé nécessaire à
l'accomplissement de son œuvre.

Mais si Dieu lui a donné une intelligence
supérieure, si elle a le sentiment du beau joint

à l'amour conjugal désintéressé, alors elle devient la compagne des pensées sublimes de l'artiste dont l'âme se fond avec la sienne pour aller à la conquête de l'idéal.

Julie Ozaneaux se rendait bien compte de la situation morale qui l'attendait, mais elle en redoutait d'autant moins l'austérité qu'elle se sentait capable de s'élever à la hauteur de son époux et d'être, au besoin, son inspiratrice.

Dans une lettre écrite à son fiancé la veille du mariage, nous trouvons l'indication très claire de ce pressentiment :

« Aimez-moi bien, dit-elle, mais pas seulement comme votre femme; aimez-moi comme votre amie, comme *celle dont l'intelligence peut vous comprendre*. C'est là la meilleure part, voyez-vous, celle que rien n'enlève. »

Claudius Lavergne était dévoré par la soif d'exprimer et de transmettre la foi qui embrasait son cœur; il ne quittait son atelier que chassé par la nuit, et, le soir, il travaillait encore. Sa femme lui tenait fidèle compagnie, jouant et chantant au piano la musique des maîtres classiques tandis qu'il dessinait, ou recherchant avec lui dans la vie des Saints, ou l'iné-

puisable trésor de la liturgie, tout ce qui pouvait
l'aider à perfectionner son art et à découvrir,
sous les ombres de la nature déchue, la beauté
native éclose au souffle divin.

« Parmi les heures de bonheur qui nous furent accordées, écrivait Mme Julie Lavergne au
déclin de sa vie, il en est dont je voudrais fixer
le souvenir d'une manière ineffaçable entre
toutes. Ce sont ces heures d'étude, de travail,
passées dans le silence des nuits d'hiver.

« Le labeur du jour, ce labeur imposé par le
péché d'Adam, était fini. Au dehors la bise souf-
flait sur les campagnes dépouillées; la ville
s'illuminait, les lieux de plaisir et de perdition
s'emplissaient, et les églises, fermées et dé-
sertes, recélaient le Sauveur délaissé. Au de-
dans le calme régnait; les enfants, délivrés par
les mains maternelles des légères souillures
du jour étaient endormis, marqués du signe de
la croix et confiés, dans leurs couches si pures,
à la garde de leurs anges.

« Nous étions seuls, en paix avec Dieu; alors,
au lieu de nous abandonner au repos, nous
nous mettions à l'œuvre, et, soldats d'une noble
cause, pour bien la servir, nous nous efforcions

de la connaître. Alors, à nos yeux ravis, apparaissaient les Saints, ces héros des temps écoulés, et nous les appelions à notre aide pour raviver la foi, l'amour du beau, dans ce siècle attiédi, pour défendre ceux qui combattent pour la vérité, pour encourager les faibles et repousser les traîtres. Et souvent un souffle d'enthousiasme passa et entraîna notre pensée. Et le cœur ému, la main tremblante, de nobles pages furent tracées par l'un, transcrites par l'autre.

« Qui comprendra ces heures ? Elles furent rapides, mais renfermèrent plus de joies intimes que les fêtes les plus brilantes n'en offrirent jamais. Leur souvenir illuminera le soir de notre vie.

« Si la recherche seule du beau, pour des êtres asservis aux misères de ce monde, peut donner de telles jouissances, que sera le beau lui-même, la joie des élus voyant Dieu et assurés de ne le perdre jamais !

Les commencements, dans la carrière des beaux-arts, sont difficiles, surtout pour un jeune homme qui consacre son talent à la peinture religieuse.

« Bien souvent, écrivait Mme Lavergne à son père en 1847, j'ai à prêcher Claudius afin qu'il ne perde ni espoir ni confiance. Il travaille bien ; il se porte mieux que jamais. Le bon Dieu nous aidera. »

Et quelquefois, pour encourager son époux, elle prenait le crayon et jetait sur le papier la timide esquisse de ses propres idées.

« Ton père finit bravement l'année, dit-elle dans une lettre à sa fille aînée, il retouche la peinture de la veuve de Naïm faite d'après une composition de moi ! Tu juges comme ce sera beau... Michel-Ange n'a qu'à se bien tenir ! »

Bientôt le succès vint couronner ces efforts, la réputation de Claudius Lavergne grandit rapidement, et de nombreuses commandes lui furent adressées.

C'est alors que, non content de peindre à fresque ou sur toile ses compositions religieuses, il voulut essayer de les reproduire sur verre et d'en orner les fenêtres des églises. Une occasion lui fut offerte par le ministre des cultes : il s'agissait de représenter les douze apôtres dans les grandes baies de la chapelle de l'hospice Lariboisière, à Paris. Cette pre-

MADAME CLAUDIUS LAVERGNE

mière tentative réussit et décida la vocation définitive du maître qui devait arriver au premier rang parmi les peintres-verriers du dix-neuvième siècle[1].

Mais, pour faire des vitraux, de vastes ateliers éclairés par de hautes fenêtres et le concours d'un nombreux personnel sont indispensables. Aussi Claudius Lavergne fit-il construire, rue d'Assas, 74, les célèbres ateliers d'où sortirent pendant vingt-sept années tant d'admirables verrières.

Mme Lavergne le suivit, l'encourageant comme toujours, dans cette nouvelle entreprise, mais non sans éprouver quelques regrets de l'existence abandonnée, regrets que l'on trouve poétiquement exprimés sur un feuillet jauni de son *agenda* de 1860 :

« Nous allons entrer dans notre nouvelle demeure. Tout y est disposé pour le travail, non pas ce travail solitaire de nos jeunes années, mais ce qu'on appelle *une grande exploitation*. Ces compositions mûries dans le

---

1. Claudius Lavergne, commandeur de Saint-Grégoire-le-Grand, fut syndic-président de la corporation des artistes-peintres-verriers de France.

silence, la prière et l'étude, vont être traduites, exposées au grand jour; déjà le nom bien-aimé est célèbre :

« Vous allez faire fortune, nous disent les mondains; — L'heure de la moisson est venue, ceux qui ont semé dans les larmes récoltent dans la joie », nous dit-on aussi. Dieu le veut, peut-être, mais je ne puis tressaillir de joie à ces promesses En me retournant en arrière, je jette un coup d'œil de regret vers ce passé, où quelques-uns n'ont su voir qu'épreuves, labeurs et soucis. — C'est vrai, nous avons souffert; mais de quelles joies étaient entremêlées ces peines, quel accord dans nos sacrifices, quelles douces heures passées près de nos enfants endormis, alors que nous nous reposions du travail du jour en étudiant la nuit, quelles joies à ces lueurs de succès, aurore du triomphe d'à présent...!

« Et ces naissances, qui nous donnaient confiance, bien loin de nous effrayer, et ces courts voyages, ces vacances achetées par tant de peines, les retrouverons-nous? Pourrons-nous encore, comme jadis, passer quelques semaines à Versailles?..... »

La renommée des œuvres de Claudius Lavergne faisait affluer chez lui de nombreux
clients, et leurs visites, les réponses à leurs
lettres, auraient absorbé le meilleur de son
temps si sa femme n'eût été là pour recevoir et
écrire à sa place. Jamais clients ne furent mieux
accueillis, jamais correspondance d'affaires ar-
tistiques ne fut si merveilleusement bien faite.
Les questions les plus abstraites d'hagiogra-
phie, d'esthétique, d'archéologie ou d'histoire
étaient traitées par elle avec une telle science
et dans un style si lumineux que les critiques
et les érudits n'y pouvaient contredire.

Mme Lavergne poussa le dévouement, pendant plusieurs années, jusqu'à tenir les livres
de comptabilité, ce qui est bien, pour une personne lettrée, le pire des supplices. Elle appelait cela gaiement : *faire son purgatoire!*

Parfois, cependant, l'odieux maniement des
chiffres lui fournissait l'occasion de se divertir,
et, pour donner au lecteur incrédule un aperçu
de ce que peut être un règlement de comptes
entre gens d'esprit, je vais soumettre à sa véri-
fication certain *Mémoire* relatif à des *travaux de
peinture sur verre exécutés par Claudius La-*

vergne sur *l'ordre et pour le compte de Louis Veuillot*, Mme Julie Lavergne étant chargée des écritures dans la manufacture de vitraux. Voici l'affaire.

Louis Veuillot voulut un jour offrir à l'église d'Époisses un petit vitrail représentant *saint Louis* et pria son ami Claudius Lavergne d'exécuter ce travail. Sur le papier où étaient tracées les dimensions de la verrière projetée, il avait ajouté de sa main :

Saint-Louis — Veuillot; église d'Époisses — pressé.

Malgré cette dernière recommandation, le vitrail se fit un peu attendre; puis, lorsqu'il fut posé, en décembre 1866, Louis Veuillot était à Paris et ne put retourner à Époisses qu'en mai 1868; mais à ce moment-là il fut si content de son Saint-Louis, qu'il écrivit à Mme Claudius Lavergne :

« Chère madame,

« Je viens de voir notre Saint-Louis et je suis dans un contentement difficile à peindre avec de l'encre; il me faudrait des intonations et des gestes. En toute vérité, c'est beau et charmant. Il rayonne, bien à portée de l'œil, dans

une chapelle obscure qu'il remplit de pourpre,
d'azur, d'or et de fière piété. Il a un très grand
succès populaire, on vient le voir des paroisses
voisines et Époisses qui fut longtemps la seigneurie, reprend sa seigneurie.

« L'évêque de Dijon confirmait ici l'autre jour.
Il a dit, il a redit, il répète que c'est ce qu'il a
vu de plus beau en vitraux modernes. Je vous
laisse à penser si l'on se carre. Moi, cependant,
je courbe intérieurement la tête, vu que je n'ai
pas payé. Il faut en venir là. Que notre cher
Claudius réserve d'abord les louanges qui lui
sont dues et qu'il me mette en devoir de lui
faire toucher le reste. Je demande mon petit
compte. Le mérite de l'œuvre m'oblige à faire
une assez forte banqueroute, mais il a été convenu que je payerais au moins les frais. J'ai
présentement un peu d'argent, hâtez-vous et
que je trouve cela, s'il vous plaît, à mon retour.

« Je vous assure que c'est une bien grande
douceur pour moi d'avoir pu contribuer à ce
bel ouvrage.

« La petite église est fort bien, tout entourée
de verdure et de fleurs, dans un charmant
silence. Elle a un bon curé, un peuple pas-

sable, un excellent château. Ce matin j'y entendais la messe, c'était un service funèbre. Le vieux sonneur chantait le *Dies iræ*, et un rossignol, perché tout près, poussait, avec éclat, sa chanson de printemps; les deux voix se mariaient fort bien, et notre Saint-Louis tout rayonnant, me disait :

« Taille bien ta plume, et que ton ami Clau« dius prépare bien sa palette et nourrisse
« bien ses fourneaux, et vous viendrez chanter
« avec moi l'éternel printemps. »

« Bien entendu que les épouses, les sœurs, les frères, les petits et les petites, entreront de compagnie et feront leur partie au concert.

« Adieu, chère madame, je vous suis bien dévoué en Notre-Seigneur.

« Louis VEUILLOT. »

« Époisses, 9 juin 1868. »

De retour à Paris, Louis Veuillot voulut payer sa verrière : là commencèrent les difficultés, mon père refusant absolument toute rémunération d'un travail qu'il se faisait une joie d'offrir à son rédacteur en chef, à l'excellent ami qui lui avait si généreusement offert les colonnes de l'*Univers*, lors de la lutte qu'il avait soutenue contre l'école archéologique rationaliste représentée par MM. Didron et Viollet-le-Duc. Il y eut discussion, instances, et finalement chacun maintint sa résolution.

Claudius Lavergne n'y pensait plus lorsqu'à la veille de Noël il reçut ce billet dicté par Louis Veuillot et signé de sa main :

« Paris, 24 décembre 1868.

« Mon cher ami,

« Parlons peu et parlons bien. Que je vous carotte une figure de saint Louis pour me faire ensuite honneur de ma générosité, c'est inique ; mais c'est tellement dans les usages de votre profession, et de la mienne, que je ne m'en inquiète pas comme je devrais. Cependant, il ne faut point passer la mesure et carotter encore le verre, la couleur, le feu, le plomb, le fer, l'emballage, et peut-être le port : c'est ce qui ne convient ni à vous ni à moi. Je viens d'y penser avec des rougeurs profondes, et il faut, il faut, il faut que vous me donniez la note des frais. Si vous avez l'ennui de la faire, tant pis pour vous : ça vous apprendra à obliger, et moi j'aurai le plaisir de la payer pour établir la compensation. Si vous ne trouvez pas tout ce que je dis le plus équitable du monde, j'en appelle à Mme Lavergne qui est, en conscience, obligée d'en juger comme moi, et, certainement, elle a d'autres enfants Jésus à habiller pour la saison.

« Pardonnez-moi de vous écrire par secrétaire, j'ai une paille dans l'œil et je ne peux point remettre plus longtemps notre petit compte : Exécutez-vous, mon bon ami, et vous pourrez toujours vous vanter de m'avoir donné plus que je ne peux payer en argent.

« Tout à vous,

« Louis VEUILLOT. »

Là-dessus, on s'exécuta de bonne grâce et le mémoire suivant fut envoyé.

MÉMOIRE des travaux de vitrerie exécutés pour la chapelle Saint-Louis, dans l'église d'Époisses (Côte-d'Or), par Claudius Lavergne, vitrier, sur l'ordre de Louis Veuillot, homme de plume.

Décembre 1866.

Avoir fourni une vitre représentant le roi saint Louis en « bel homme armé » et *moult bien pigné*, métrant 0^m,780 de superficie, peint sur verre bon teint des

manufactures de la Compagnie générale de la Loire,
blancs, rouges, bleus et jaunes valant 15 fr. le mètre
carré, 0^m,780 × 15 . . . .   11 70

Plus : papier montgolfier, bleuté, encollé à
la colle de Flandre et tendu sur châssis, pour
tracer le modèle du susdit 0 25

Plus : fusain et blanc de gouache 0 15

Plus : Émaux de bon aloi, pourpre de Cas-
sius, silicate doublé de potasse et de plomb,
sesquioxyde de fer des mines de La Voulte
(Ardèche), hydrate d'alumine, antimoniate de
plomb, protoxyde de cobalt, peroxyde de man-
ganèse, acide fluorhydrique et chlorure d'argent en proportions diverses 9 76

Avoir fourni : plomb d'Espagne neuf, rond,
laminé, soudé avec de l'étain anglais, du sel
ammoniaque naturel et de la résine de Kabylie,
telle que le créateur nous l'a donnée, ledit
plomb valant, au cours légal, 53 fr. les 100 kil.
1^k,450 gr. × 53 . . . .   0 76

Avoir fourni une armature en fer carré avec
vis-à-violon, plates-bandes, tringlettes con-
tournées en fer forgé, avec attaches soudées en
laiton galvanisé, le tout peint à deux couches
minium et vernis noir, et pesant ensemble
2^k,300 à 1 fr. 25 le kil. = 2 300 × 1,25 . . . .   2 87

A reporter. 13 79

Report.	13 87
Avoir cuit saint Louis en compagnie de plusieurs autres	0 50
L'avoir recuit tout seul.	1 75
L'avoir emballé	1 15
Avec soin et difficultés.	0 35
Dans une caisse.	1 75
De sapin.	0 15
Paille supérieure.	0 10
Foin qualité extra	0 15
17 clous dont 4 vis.	0 14
Plus intérêts du crédit à 6 pour 100 du 1er décembre 1866 au 25 décembre 1868.	4 27
Total général . . .	35 81

Sans compter les frais généraux, l'éclairage, les impositions, les étrennes du concierge, le cassement de tête et la scie prolongée.

Le Caissier de la Manufacture,

M^(me) GRIPPESOU.

Dès le lendemain matin, une messagère de confiance arriva rue d'Assas, apportant deux jolis vases chinois en porcelaine craquelée, le solde du mémoire et cette lettre :

« Louis Veuillot, *homme de plume*, à Claudius Lavergne, *vitrier en fin*.

« Vitrier, si c'est ainsi que vous faites les

affaires, vous ne ferez pas fortune dans le vi-
triage et je ne vous vois point sur la liste des
invités de Compiègne.

« Quant à moi, cependant, je vous loue et je
paye. Ah! ah! que je n'aurai pas la simplicité de
faire régler votre petit compte pour que le véri-
ficateur en appelle *a minima*. J'entends les
affaires, moi; je n'allume pas mon feu pour
soixante-douze centimes, moi ; je marche avec
mon temps, moi, et je ne sais par pourquoi mon
archevêque n'est pas content de moi.

« Je vous envoie votre somme dans deux
pots pour que cela fasse plus d'effet. Ce ne
sont pas des pots de toute beauté, comme je le
voudrais. Ils étaient sur ma cheminée, c'est assez les décrier. Néanmoins, ils ont pour eux de
venir de la vraie Chine, d'où ils m'ont été expédiés par un vrai évêque que je vous ferai voir
lorsqu'il passera pour le concile, et vous pourrez
dire que vous avez vu un homme de Dieu.
Voilà. Vous êtes tout de même bien gentil, et
M'ame Grippesou, la caissière, fait des comptes
qui dépassent de beaucoup le charme de ceux
de la mère l'Oie. Je garde ce monument de son
esprit et de votre charité. Un jour on verra, on

verra la fausseté de l'inscription que vous avez mise sur le vitrail d'Époisses, et que Louis Veuillot n'était qu'un cancre. Tant pis pour lui. Il faut que votre gloire sorte et que le bonnet de lumière coiffe le front à qui il est dû.

« Je vous embrasse, Louis VEUILLOT. »

« P.-S. — Voilà qu'on ne retrouve plus ce chef-d'œuvre de note. Soyez assez bon pour prendre le montant jusqu'à la *dernière* centime, sur les lingots que je vous envoie par mon navire du Pérou..... et rendez le reste avec la probité qui vous distingue.

« Louis VEUILLOT. »

Sur ce, le navire du Pérou, qui n'était autre que la servante de Louis Veuillot, remporta un acquit ainsi libellé :

« Reçu pour solde du présent mémoire la somme de 35 fr. 81. portée au compte de M. Louis Veuillot, le plus obstiné des donateurs; plus. pour mon travail artistique et mes frais d'imagination un *présent* que je n'ose refuser, bien qu'il me rende débiteur et dérange ainsi tous mes calculs.

« Paris. 28 décembre 1868. « Claudius LAVERGNE. »

La collaboration de M. et Mme Lavergne ne fut pas toujours aussi facile et agréable ; les épreuves ne lui manquèrent pas et, parmi elles, la plus rude se produisit en 1862. Cette année-là, d'excessifs labeurs et le chagrin causé par la mort d'un enfant firent que Claudius Lavergne tomba malade et resta, pendant huit mois, éloigné de ses travaux.

Condamné par les médecins, ayant reçu les derniers sacrements et fait le sacrifice de sa vie, il guérit néanmoins par l'effet d'un miracle dont l'émouvant récit figurera dans la publication des lettres choisies de Julie Lavergne.

Mme Lavergne fit preuve alors de ce courage héroïque dont nous verrons plus loin de multiples exemples. Ayant à soigner nuit et jour, pendant huit longs mois, un mari dont la mort paraissait inévitable, à veiller sur ses six enfants et à diriger, en même temps, les ateliers de peinture sur verre, elle fit face à toutes les difficultés sans faiblir un seul instant, sans se préoccuper de l'avenir, espérant contre toute espérance et voyant enfin se produire une guérison si extraordinaire que l'éminent docteur Jousset, qui vit encore et peut en témoigner,

consulté sur les précautions à prendre, répondit : « Il n'y en a aucune. Cette guérison est sur-
naturelle, la convalescence le sera aussi. Laissez
Claudius faire tout ce qu'il voudra. »

L'importance des matières qui restent à traiter
ne me permet pas de m'étendre plus longuement
sur les actes de Mme Lavergne, en tant que
femme d'artiste. J'espère cependant avoir assez
prouvé qu'elle avait compris sa mission spé-
ciale et qu'elle sut la bien remplir.

VII

LA MÈRE DE FAMILLE

Dès sa jeunesse, Julie Lavergne avait été frappée par le mot de saint Paul : *La mère sera sauvée par les enfants qu'elle mettra au monde.*

Elle en avait saisi le sens profond et chrétien. Aussi. loin de redouter les souffrances et les gênes de la maternité, désira-t-elle avoir beaucoup d'enfants. — Neuf fois, son vœu fut réalisé.

« Je vous félicite, lui écrivait le R. P. Lacordaire, en 1850, du troisième enfant que Dieu vient de vous donner, et je vois avec joie qu'il n'augmente pas vos charges sans augmenter vos ressources. Vous le méritez bien.

« L'Évangile a dit : *Quærite primùm regnum Dei et cætera adjiciuntur vobis !* Vous éprouvez l'efficacité de cette parole de notre divin Maitre, et j'espère que vous la ressentirez davantage encore en avançant dans la vie [1]. »

On retrouve souvent, dans la correspondance de Mme Lavergne, l'expression du bonheur que

1. Lettre datée de Flavigny le 28 juin 1850.

lui causait la venue de chacun de ses enfants.

« Le bon Dieu a exaucé nos prières, écrivait-elle, en 1834; le jour de l'Épiphanie, j'ai mis au monde une belle petite fille, que nous avons aussitôt fait baptiser sous le nom de Catherine-Marie. Nous voici donc *riches* de quatre enfants [1]. »

La huitième naissance ne fut pas moins fêtée que la première :

« ... Ce cher enfant, a été reçu par nous avec la même joie qu'un fils aîné, et ses frères et sœurs ont entouré son berceau avec une allégresse et des expressions dignes des bergers de Bethléem. — Le nombre de ces petits pensionnaires du bon Dieu ne nous effraie pas. Il est assez riche pour les nourrir, assez bon pour les maintenir dans le droit chemin, et, peut-être, nous fera-t-il l'honneur d'en prendre quelqu'un pour lui tout à fait. Enfin, je les aime trop pour ne pas être persuadée qu'ils seront tous d'honnêtes gens, et ce siècle en a grand besoin [2]..... »

1. Lettre à M. Alphonse Girodon, peintre d'histoire, 10 février 1854.
2. Lettre à Mgr Gibert, 27 décembre 1859.

Enfin, en 1861, elle écrivait à sa sœur :

« Que je voudrais donc te montrer mes enfants ! Tu ne peux t'imaginer combien je suis contente d'en avoir sept, et combien je regrette les vides que mes deux anges ont laissés.

Claudius aurait treize ans ; Marie-Rose, douze.

Je vois toujours la place où devraient être ces têtes chéries. Combien doivent souffrir les mères qui les perdent ! Ceux-là ont à peine respiré et je ne les oublierai jamais [1]. »

Tant que les enfants furent petits, l'instruction leur fut entièrement donnée à la maison, sous l'œil vigilant et la direction maternels.

Voici comment se passaient les journées ordinaires :

« Nos occupations ont repris leur cours. Claudius travaille et dirige ses verriers. Georges et Lucie font des thèmes et des versions avec leur professeur ; Noël apprend à écrire, et Marie à obéir.

« De neuf heures à midi, je fais la classe ; le reste de mon temps est employé à la promenade, au ménage et à la correspondance. Je ne fais plus

1. Lettre à Mme Clotilde Stauber, 9 décembre 1861.

de visites, je n'en souhaite plus que le soir quand les enfants sont couchés [1]. »

Mais bientôt la question de collège pour les fils aînés vint à être posée.

En principe, et bien que fille d'universitaire, Mme Lavergne était hostile à l'éducation donnée dans les établissements d'instruction publique.

A ses yeux, la vie lycéenne était contraire à l'amour du logis, à l'esprit de famille, à l'acceptation par l'enfant de l'état où il était né.

« Cet amour du logis, écrivait-elle dans son *agenda* de 1855, est le fruit de l'enseignement que donnent le travail et le dévouement des parents pour tous leurs enfants, et la diversité des effets de cette affection selon l'âge, les souffrances ou les qualités de ceux qui en sont l'objet.

« Au collège, l'enfant oublie la maison, et, au lieu de cet enseignement varié à l'infini par la tendresse de la mère et la juste sévérité du père, il reçoit une instruction banale, fondée sur une égalité chimérique. Il se figure, et on le lui répète, que le collège est l'image du monde. Il y

1. Lettre à M. Lucien Ozaneaux, 1er novembre 1855.

remporte le prix sur le fils d'un prince et croit garder l'avantage toute sa vie.

« Au sortir du collège, la réalité le heurte. Il se voit refoulé dans l'obscure condition de ses parents ; il veut en sortir, il s'agite, il souffre, il parvient, et trop souvent méprise l'humble maison de son père ; ou, repoussé, il y rentre le cœur froissé.

Formez l'enfant à l'entrée de sa voie, dit Salomon, *et il ne s'en écartera pas, même dans sa vieillesse* [1].

« C'est pour cela, mes chers enfants, que je ne veux pas que vous quittiez encore l'abri de notre humble demeure. Avant de vous laisser vous mêler à la foule, je veux que vous contempliez encore quelques années l'exemple du labeur patient et résigné du père chrétien qui n'a pas hésité entre une vie dure, mais selon Dieu, et les séductions du monde. Je veux être là, près de vous jour et nuit, vous préservant de toute souillure. Je ne veux vous laisser quitter le foyer paternel que fortifiés par le pain des anges. On me dit que vous serez moins savants

1. *Prov.,* xxii, 6.

que d'autres? Je sais que vous serez meilleurs.

« Le reste m'importe peu. Votre bonheur éternel devrait seul m'occuper. Cependant, le bon Dieu permet aux mères de songer aussi au bonheur temporel de leurs enfants. — J'y songe donc, et tous les souvenirs de ma vie, agitée déjà par bien des épreuves, me confirment dans cette croyance que le seul bonheur, en ce monde, est de faire son devoir en aimant Dieu. »

Cette théorie, pour être fort belle, n'en donnait pas moins prise à certaines critiques. Des amis, autorisés par l'expérience, y contredisaient en partie, et l'un d'eux qui avait engagé, par lettre, Mme Lavergne à mettre ses fils au collège dans l'intérêt de leur instruction reçut comme réponse le plaidoyer suivant :

« N'êtes-vous pas, à chaque instant du jour, frappé de la différence profonde qui existe entre les caractères de vos enfants, nourris du même lait, élevés tous à vos côtés? Ne vous faut-il pas des nuances infinies pour adapter votre enseignement à l'esprit de chacun? Telle chose que l'un d'eux saisira difficilement entrera du premier coup dans l'intelligence de l'autre. Telle punition indifférente à l'un, ou très peu sensible, désolerait l'autre, et ainsi de toute chose.

« N'est-ce pas alors par une contradiction manifeste que vous proclamez l'avantage de l'éducation publique, où toutes les intelligences sont soumises au même régime : où quelques heures de mollesse ou de maladie *distancent*, dans une classe, l'élève le plus distingué ; où la science est jetée à la tête de ces pauvres enfants comme le grain à celle des poules, avec cette différence fort grave que, l'instinct y pourvoyant, jamais poulet ne s'est laissé mourir de faim par sa faute, tandis que la paresse, la légèreté de l'enfance lui font fuir le travail et redouter l'éducation ? »

Le résultat de cette aversion pour les lycées fut que les deux fils aînés firent toutes leurs études à la maison paternelle. Mais, plus tard, Mme Lavergne suivit le conseil du R. P. Millériot, jésuite, son confesseur, et consentit à ce que le dernier de ses garçons fût mis au régime mixte de la demi-pension, au collège Stanislas. Toutes réflexions faites, elle avait compris que *l'éducation doit se faire sous le toit domestique et à l'école ; par cette union de la famille et du collège, l'homme prélude plus facilement aux luttes de la vie qui doit être un combat et qui doit rester une tendresse*[1].

L'année laborieuse était coupée par deux mois de vacances passées habituellement à Versailles. La proximité de cette ville permettait à Claudius Lavergne de ne pas perdre de vue ses ateliers, tout en prenant un repos nécessaire. D'ailleurs, il travaillait toujours même pendant ses promenades au milieu des bois ou dans les majestueuses solitudes du grand Trianon, esquissant les projets de ses verrières ou écrivant ses articles de critique d'art pour le journal l'*Univers*.

Dans une page inédite, Mme Lavergne a laissé une description de ces journées de vacances :

« Souvent, écrivit-elle, nous montions sur le coteau couvert de bruyères roses, et, assis au pied des châtaigniers, nous laissions en silence passer de longues heures. Il écrivait, et, soit que, livré tout entier à son travail, soit que, reposant, il laissât errer ses regards sur le

---

1. Le cardinal Mermillod, oraison funèbre de Mgr d'Outremont.

vaste paysage, ma pensée suivait et devinait la sienne. Tous deux, cherchant les choses invisibles de Dieu à travers les splendeurs et les ombres de ce monde visible, nous élevions nos cœurs vers Celui qui a fait la terre si belle et le ciel si grand.

« A nos pieds, s'étendaient les massifs profonds et verdoyants du parc, dominés par le palais tout resplendissant du soleil. Au delà, là plaine blondie par les moissons remontait doucement jusqu'aux lisières de la forêt de Marly dont les sombres feuillages bordaient l'horizon. Autour de nous le silence du bois n'était interrompu que par les chants joyeux de nos enfants ou le rare gazouillement des oiseaux. De temps à autre la musique du parc, apportée sur l'aile du vent, nous envoyait quelques fanfares, souvenirs des fêtes d'autrefois. Vers le soir, le silence grandissait. Les enfants, lassés, se rapprochaient de nous et, groupés sur la mousse, rassemblaient leurs bouquets de mûres et de noisettes. Souvent l'un d'eux entonnait un cantique, et sa voix claire éveillait l'écho. Nous partions en chantant, et nos pensées s'élevaient suivant les notes angéliques de l'*Ave, maris stella.*

« Les rois, qui rassemblèrent à Versailles toutes les pompes de la gloire, de la puissance et des arts, et qui, lassés de leur éclat, cherchèrent jadis dans ces bois silencieux le calme et le bonheur, n'y connurent jamais d'heures aussi douces que nos heures de vacances.

« En paix avec le monde entier, en paix avec nous-mêmes, nous aimions ce repos acheté par de rudes labeurs, et, prêts à les recommencer à l'appel du devoir, nous bénissions Dieu qui nous donnait de si beaux jours. — Heures fugitives, vous avez passé; mais, peintes dans notre mémoire d'inaltérables couleurs, vous y restez comme l'image et le prélude des joies du paradis. »

Les enfants grandissaient : les fils à la maison ou au collège, les filles au couvent de Notre-Dame-de-Sion, où Mme Lavergne, membre de l'Archiconfrérie des Mères chrétiennes, fondée par le R. P. Ratisbonne, avait été engagée par ce dernier à les faire entrer. Avec l'âge survenaient pour eux les indices de vocations diverses et les préoccupations relatives au choix des carrières. Sur cet intéressant sujet, les idées de Mme Lavergne méritent d'être retenues :

« Chaque état, disait-elle, a ses inconvénients et le pire est de n'en pas avoir. On peut se sanctifier dans tous, assurément ; mais il me semble qu'après celui de prêtre, qui est incomparablement le meilleur, celui d'un artiste chrétien qui passe sa vie à admirer et à reproduire les œuvres de Dieu et à prêcher, avec son pinceau, la divine vérité, est l'état le plus beau et le plus souhaitable. Quant à la gloire, aux biens temporels, je crois fermement qu'il est de notre devoir de n'y pas songer, et c'est aussi ce que nous pouvons faire de mieux pour notre bonheur.

« Quant aux jouissances, les plus vives sont à notre portée ; c'est notre faute si nous nous en privons. Aimer Dieu et les siens, admirer tout ce qu'il a semé de beau et de bon en ce monde et rendre content qui on peut, voilà les seules jouissances positives. Les autres sont relatives ou fausses[1]. »

Après avoir, aussi longtemps que possible, gardé ses enfants sous ses ailes, la mère de famille est bien forcée de les voir s'éloigner ;

1. Lettre à M. Alphonse Girodon, 16 février 1854.

mais son action protectrice peut les suivre et les aider à soutenir les combats où ils affrontent, pour la première fois, les difficultés de la vie.

Je n'en citerai qu'un exemple : il a trait à mon bon et regretté frère Noël, le maître peintre-verrier, qui eut l'honneur d'être choisi par Claudius Lavergne pour continuer son œuvre artistique.

Peu de jours après la mort de notre sœur aînée, en 1873, une nouvelle loi militaire le fit s'engager pour un an dans un régiment de ligne.

« Croix sur croix, écrivait à cette époque Mme Lavergne ; lundi prochain nous verrons partir l'aide le plus précieux de Claudius, le meilleur et le plus laborieux garçon qui se puisse voir[1]. »

Nature d'artiste, éminemment sensible, pieux et pur comme un ange, Noël Lavergne devait éprouver un singulier malaise en se trouvant parmi les soldats. Le contraste, entre la vie de caserne et celle qu'il avait toujours menée au foyer et dans l'atelier paternels, était trop vio-

1. Lettre à Mme N. Lavergne-Rebuffel, 8 février 1873.

lent; aussi, tout en faisant son service avec exactitude, ne pouvait-il se défendre d'une tristesse qui, au début, atteignit presque au découragement. Dans cette détresse morale, il avait recours à sa mère qui, chaque jour, pendant plusieurs mois, lui écrivit pour le réconforter.

Deux petits extraits de ces lettres suffiront à en faire connaître le caractère.

1. — « Je viens te mettre en garde, mon cher Noël, contre les théories de M. X... sur l'état militaire. Les bourgeois, poltrons, incapables de se défendre, qui ouvrent leurs portes aux ennemis et ne savent même pas faire la chaîne dans les incendies, méprisent et insultent les pauvres soldats, victimes qui se dévouent pour eux. Ils ne savent pas que le métier des armes ne fait pas déroger le fils d'un roi et l'ennoblit encore. Ils refusent le feu et la chandelle au pauvre militaire accablé de fatigue, — tu l'as vu ; — et, quand leur maison brûle ou que l'ennemi arrive, ils sont pourtant bien contents de voir ces pauvres soldats se dévouer pour les défendre.

« Les soldats sont vicieux, grossiers. Hélas!

les civils valent-ils mieux ? Tu ne connais pas
le monde, mon enfant ; tu crois que tous les
vices sont au régiment. Dans la vie civile, c'est
encore pis, et l'hypocrisie, les formes élégantes,
voilent des plaies hideuses. Tout ce qui n'est
pas chrétien est endiablé. Remercions Dieu de
ne l'être pas, et tremblons ; car, il sera demandé
à chacun selon ce qu'il aura reçu. A la place de
ces malheureux, nous ferions pis qu'eux. Sa-
chons admirer ce qui est au-dessus de nous,
compatir à ce qui est au-dessous ; mais, pour
Dieu, n'imitons pas le bourgeois satisfait de
lui-même.

« Allons, mon cher garçon, *Sursum corda !*
— Saint François de Sales dit que nous com-
battons en esprit les monstres d'Afrique et
remportons des victoires ; mais qu'en réalité
nous nous laissons arrêter en chemin par de
fort petites bêtes.

« Tiens-toi en état de grâce, d'abord ; et
cela fait, que ta dévotion soit celle qui *bûche.*
Mets les obstacles, les souffrances, les misères,
sous tes pieds et chante la chanson des hus-
sards. — Après tout, c'est de la gaieté française
de bon aloi. »

. . . .

. . . .

II. — « Les consignes multipliées sont très sages. Il faut briser les volontés, dresser les hommes à l'attention soutenue. Tu vois tout cela sous un mauvais jour ; les jurons et les blasphèmes te révoltent et te font mal juger les choses en elles-mêmes. En somme, jamais consigne ne fut plus absurde que celle donnée par saint Pacôme à son disciple : « Plante ce bâton « sec, va chercher de l'eau au Jourdain, à une « lieue d'ici, et arrose-le. Demain, tu en feras « autant, et ainsi de suite jusqu'à ce que le bâ- « ton fleurisse. »

« Le petit novice obéit, et ce ne fut qu'au bout de trois années que le bâton se couvrit de fleurs ; mais le novice était devenu un saint.

« Or donc, bien que ton caporal ne ressemble pas plus à saint Pacôme que ton balai à un palmier du désert, il faut arroser le bâton sec de bonne grâce et de belle humeur ; et, levant les yeux, voir au-dessus de tout ce qui nous opprime et nous blesse en ce monde la volonté à qui nous disons *Fiat* tous les matins, pour nous dédire ensuite, hélas ! tout le long du jour. »

De telles leçons ne furent pas longtemps sans porter leurs fruits. Le jeune soldat reprit courage et bientôt les galons de caporal et de sergent témoignèrent de sa bonne volonté. Il était officier dans l'armée territoriale, quand la mort vint le frapper, et ses camarades du 37e de ligne et du 47e régiment territorial d'infanterie se rappellent encore la joyeuse ardeur et l'esprit militaire du lieutenant, artiste et poète, Noël Lavergne.

Parmi les multiples épreuves qui attendent la mère de famille, une des plus communes est la maladie qui paralyse son ministère, ou bien atteint son mari, ses enfants et ses serviteurs. Nous avons déjà vu Mme Lavergne auprès de son époux, pendant une longue et terrible maladie dont l'issue fut miraculeuse [1], et nous l'accompagnerons bientôt au chevet de ses filles mourantes. Mais, avant de la voir s'élever à la hauteur de l'héroïsme dans la douleur la plus vive qui puisse briser un cœur maternel, examinons quelle était son attitude au milieu des difficultés ordinaires.

1. Le récit de cette guérison a été imprimé dans les *Annales franciscaines*, n° du mois de mai 1888.

Une épidémie venait-elle s'abattre sur toute sa maisonnée, voyez comme elle prenait la chose :

« Nous faisons notre service bravement quoique toussant à qui mieux mieux.

« Que ne suis-je cloîtrée avec mes malades ! Les visites me tuent. Tous ces braves gens vous font des oraisons funèbres : « Hélas ! comme vous toussez; comme ils toussent ! — Et que faites-vous ? — Et pourquoi ne vous soignez-vous pas ? — Comme cela doit nuire à vos travaux ! » et autres litanies, genre Jérémie modernisé.

« Cela finit par me donner envie de rire, et je leur dis que j'en suis bien aise, que j'aime mieux cela que le moindre péché, que les maladies sont des cadeaux du bon Dieu. Ils ouvrent des yeux comme des portes cochères et s'en vont me trouvant un peu toquée.

« Il y a des exceptions, mais qu'elles sont rares ! *Visitare infirmos* sans leur monter des scies est une rare vertu [1]..... »

Mme Lavergne était-elle seule atteinte, jamais elle ne s'apitoyait sur ses propres souf-

1. Lettre à sœur Marie Stella, février 1868.

frances qu'elle trouvait moyen de supporter avec plaisir, réservant toutes ses inquiétudes pour la santé de son entourage.

« Quelle sotte aventure que la mienne! écrivait-elle à sa belle-sœur, en 1869; prendre la petite vérole à mon âge, inquiéter son monde et rester si faible, si propre à rien que j'en suis ennuyée. Enfin, cela me fait mon carême, et, si je n'avais la crainte de voir mon mari ou les garçons prendre la maladie, je serais très contente. »

Trois ans plus tard, l'expression de cette résignation joyeuse aux plus pénibles épreuves physiques apparaît encore dans une lettre adressée à la même parente[1].

« Le Dr Jean-Paul Tessier me comprend fort bien quand je lui dis que cela me fait plaisir d'être malade. Je sais ce que j'ai; je ne me tourmente pas, tandis que, lorsque ce sont les enfants, ou Claudius, qui sont malades, je me fais mille dragons.

« Je suis bien soignée. Mon médecin rit avec moi, et ceux qui me gardent acquièrent des

1. Mme Lavergne-Rebuffel.

mérites. Aussi, ne demandez pas au bon Dieu
que je guérisse. Je me tiens contente comme
cela. »

À l'époque où le choléra faisait de terribles
ravages dans la population parisienne, Mme Lavergne écrivait :

« Les poltrons, les désœuvrés et les bavards,
race nombreuse, ne parlent que du choléra et
font provision de recettes pour s'en préserver,
et de méchantes raisons pour décamper. C'est à
leur jeter son bonnet au nez !

« J'étais bien petite fille en 1832, et je me souviens encore de l'impression méprisante que me
donnaient ces gens-là. Elle ne s'est pas modi-
fiée depuis. Avec cette droiture innée qu'ont les
enfants, je me disais : Ne sommes-nous pas
toujours en la main de Dieu et obligés seulement à faire notre devoir ?

« ... Paris est bien triste à habiter. Notre
Petite-Chartreuse de Versailles est toute prête,
et nous n'y allons pas, précisément à cause du
choléra. Une bonne vieille de quatre-vingt-
douze ans, mère de notre portière, en est morte
chez nous. Sa fille a pris le même mal, et, depuis
quinze jours, nous les soignons. L'une était

aussi contente de mourir que l'autre est bien aise d'aller mieux. Si mon mari eût été assez raisonnable et assez obéissant pour emmener les enfants à Versailles et me laisser à mon affaire, c'eût été bien plus commode ; mais il ne m'obéit jamais, et il s'ensuit que je vis dans une inquiétude continuelle qui triple la fatigue. Heureusement, le R. P. Millériot est venu hier pour ma malade et il nous a tous réchauffés et animés de son indomptable gaieté..... »

Les charmes d'un intérieur, où les vertus domestiques les plus aimables et l'hospitalité la plus généreuse s'unissaient au culte de tout ce qui pouvait élever les âmes au-dessus des pensées vulgaires, attiraient de nombreux amis, et l'atelier de Claudius Lavergne, grâce à la présence de sa femme, s'était transformé en salon artistique, religieux et littéraire.

Parmi les habitués de ces réceptions, plusieurs devinrent illustres, tels que le R. P. Lacordaire, le cardinal Mermillod, Frédéric Ozanam, Louis Veuillot, Hippolyte Flandrin.

Citerai-je encore, pour ne parler que des morts, l'abbé de Dreux-Brézé, qui fut évêque de Moulins, et son spirituel vicaire général l'abbé Gibert, les deux RR. PP. Ratisbonne, l'abbé Gay, futur évêque d'Anthédon, le doux abbé Pereyve et l'abbé d'Hulst ; les archéologues Étienne Cartier et Paul Durand ; les docteurs J.-P. Tessier, Ozanam, Milcent, Gabalda, Jules Davasse, Hélot de Rouen ; les journalistes Melchior du Lac et Philippe Serret ; les peintres Michel Dumas et Girodon ; les femmes de lettres Julie Gouraud, Zénaïde Fleuriot, Tony Lix ; les sculpteurs dom Jehan de Solesmes et Bion, et tant d'autres qui vivent encore et gardent le souvenir du foyer intellectuel de la rue d'Assas.

Je pourrais, en puisant dans les lettres des amis disparus, reconstituer la physionomie morale de cet intérieur où Mme Lavergne régnait par la douceur et l'esprit. Mais afin de ne pas trop allonger mon récit je n'invoquerai que le témoignage d'un vivant, connu dans le monde entier, témoignage publiquement porté le 10 juin 1890, devant un grand auditoire où se pressaient les parents et amis restés fidèles à la mémoire de Claudius et de Julie Lavergne.

« Ce n'est pas sans émotion, disait le R. P. Charmetant, avant de bénir un mariage, — bientôt, hélas ! brisé par la mort, — que j'évoque en un tel moment le cher et doux souvenir de vos vénérés parents !

« Il me semble voir ici, près de vous, à vos côtés, ceux dont vous avez été l'enfant de prédilection, parce que, étant le dernier né, vous avez fait la joie de leur vieillesse : Claudius Lavergne, avec sa figure inspirée de patriarche et sa tête si remarquable d'artiste chrétien ; Julie Lavergne, avec son regard doux et profond, sa tête fine, son sourire toujours bon et accueillant.

« Vous le dirai-je? Leur souvenir est resté en moi parmi les meilleurs de ma jeunesse sacerdotale ; et leur départ de ce monde m'a broyé le cœur, non comme celui d'un ami que l'on perd, mais comme celui d'un père et d'une mère qui nous quittent.

« C'est que, dès le premier jour où les fluctuations de ma vie de missionnaire m'ont mis sur leur chemin, ils m'ont fait, à leur charmant foyer, une place tout intime, toute privilégiée, place de choix que j'étais si heureux de venir reprendre chaque fois que je revoyais la France.

« C'est là que j'ai pu apprécier le génie essentiellement chrétien et élevé du grand artiste qui fut votre père.

« C'est là que j'ai entendu, avec tant de charme, les innombrables causeries qui devaient servir de thème, un peu plus tard, aux *Neiges d'Antan*, aux *Légendes de Trianon*, et à tant d'autres récits charmants, signés Julie Lavergne, où nulle part n'a été décrite avec autant de charme, de poésie et d'intérêt la vie intime des grands, des pauvres gens et des artistes de notre France d'autrefois. »

Telle était l'impression profonde, ineffaçable, produite par Mme Lavergne sur tous ceux qui eurent l'honneur d'être reçus chez elle.

La puissance d'attraction qu'elle exerçait sur son entourage s'étendait avec les actes extérieurs de sa vie. Nous en étudierons les effets maintenant que nous en connaissons les causes, aussitôt après avoir achevé le douloureux chapitre du *Stabat Mater*, complément nécessaire de cette étude sur la mère de famille.

VII

STABAT MATER

Les enfants en deuil de leur père ou de leur mère, ou de l'un et l'autre, sont *orphelins*; mais les parents qui ont perdu leurs enfants, que sont-ils?

Notre langue se refuse à nommer un état aussi contraire à l'ordre naturel, et c'est à peine si elle nous fournit des mots capables d'exprimer le vide et la douleur qui en résultent.

Il nous faut cependant suivre la mère de famille jusqu'au chevet de ses enfants mourants, et chercher à découvrir quelle fut l'étendue de ses forces morales dans la plus pénible des épreuves.

Mme Claudius Lavergne vit mourir cinq de ses enfants : *Claudius* et *Rose-Marie*, en très bas âge, *Louis-Pie*, âgé de quelques mois; enfin *Lucie* et *Marie*, à vingt-sept et vingt-huit ans.

La mort de Louis-Pie, ainsi nommé en l'honneur du pape Pie IX, fut accueillie par sa mère avec des sentiments de résignation parfaite

dont une lettre à un ami permet de connaître
la beauté.

« Il y a un mois, écrivait Mme Lavergne, nos
sept enfants rayonnants de santé et de gaieté
entouraient notre table, et Louis-Pie, beau et
joyeux, comme un petit agneau, riait et jouait
avec ses frères et sœurs. En quelques heures, le
croup a enlevé le cher petit. Je l'ai enseveli en
bénissant Celui qui me l'avait donné et qui
me le reprenait si tôt.

« Un instant, son père et moi nous avons
fléchi ; les paroles divines nous ont relevés. Au
moment où le petit cercueil, descendu dans la
fosse allait disparaître à nos yeux, le prêtre pro-
nonçait les paroles du Seigneur : *Laissez venir
à moi les petits enfants, le royaume du ciel est
pour ceux qui leur ressemblent.* A cet appel,
nous avons répondu par une entière soumission. Maintenant, nous invoquons notre petit
bienheureux ; nous venons de finir une neu-
vaine d'actions de grâces[1]. »

Ce deuil, si cruel qu'il fut et si chrétiennement accepté, devait être suivi de séparations

[1]. Lettre à Mme Descuret, 8 avril 1862.

plus cruelles encore et de plus douloureux sacrifices.

Le premier enfant, dont nous avons raconté la naissance au chapitre de « la Jeune femme », cette fille prédestinée dont la vocation religieuse fut annoncée par le R. P. Lacordaire, le jour même où elle vint au monde, mourait à vingt-sept ans, chez les Dames de Sion, le 1ᵉʳ janvier 1873.

L'étoile rayonnante qui brillait d'un éclat singulier au-dessus des tours de Notre-Dame, la nuit de sa naissance, lui avait, en quelque sorte, servi de marraine lors de son entrée en religion, car Lucie Lavergne reçut, avec le voile, le nom de sœur Marie *Stella*.

Six années de profession, dans un ordre voué à l'enseignement de la jeunesse et à l'apostolat dans les missions étrangères, épuisèrent bientôt sa santé délicate.

« Elle était à Marseille, appliquée aux travaux d'une fondation de pensionnat, lorsqu'elle fut atteinte du mal terrible qui la ravit à la terre. On la rappela à la Maison-mère de la rue Notre-Dame-des-Champs, tout près de la maison, des ateliers et du jardin paternels. Elle put de la sorte, fidèle à tous ses liens, partager ses dernières semaines entre sa famille naturelle et sa famille religieuse...

« Ses parents, qui avaient fait avec générosité leur premier sacrifice en la donnant à Dieu, achevèrent et couronnèrent leur œuvre, en la donnant à la mort.

« La veille et l'avant-veille, une lueur d'espoir avait envahi leurs cœurs. Sœur Marie Stella les ramena à l'imminence du sacrifice. Elle leur présenta elle-même la croix à baiser et emporta leur consentement. Elle semblait en avoir besoin pour braver et dominer la mort. Elle avait aussi demandé et obtenu la permission de faire ses vœux solennels.

« C'était sa parure, disait-elle, et elle voulait la porter entière devant Dieu.

« Ainsi parée, elle régla et ordonna tout pour l'instant suprême. Elle avait communié le matin. Elle se fit habiller et placer dans un fauteuil ; elle veilla à ce que le plus grand ordre régnât autour d'elle. Elle était de celles qui aiment les choses accommodées et rangées. Naturellement, elle portait à tout une certaine dignité calme et paisible dont la profession religieuse avait élevé le caractère. En voyant sœur Marie Stella, on comprenait ce que saint François de Sales a voulu dire quand il a surnommé Jacqueline Favre *sa grande fille.*

« Cette noblesse d'attitude n'empêche ni la simplicité ni la gaieté. Sœur Marie Stella, avant de mourir, avait désiré voir les novices, et elle leur commanda joyeusement de prier pour son âme, s'offrant de bon cœur à faire, de son côté, toutes leurs commissions dans l'autre monde. Une d'entre elles, la voyant si jeune, lui dit :

« Demandez pour moi tout le temps néces-« saire pour me corriger! » L'agonisante promit, tout en répondant par un rire aussi franc et net que si elle eût pris, à quinze ans, une récréation de petite fille.

« Son père, sa mère, ses frères et ses sœurs voulaient lui dire un adieu que tous tenaient pour le dernier. Elle regarda l'heure et dit : « Nous avons le temps, attendez encore. » Quand le moment fut venu, elle les fit entrer, les embrassa tous, dit à chacun un mot particulier. Elle était calme. Elle paraissait heureuse et voulait qu'on partageât son bonheur. Elle fit appeler les mères supérieures. Le P. Ratisbonne et son confesseur se rendirent aussi à son désir. Elle tenait à avoir tout son monde autour d'elle. La main dans celle de sa mère, entourée de ses frères et sœurs à genoux, bénie de son père et du supérieur de sa congrégation, elle demanda qu'on commençât les prières des agonisants.

Le P. Ratisbonne récita les paroles, la malade répondait : « Elle se frappa la poitrine à l'*Agnus Dei*. Les prières achevées, elle pria qu'on la laissât seule avec son confesseur et mère Marie-Rose. Le soleil entrait dans sa chambre et l'entourait comme d'une auréole. Elle demanda au prêtre une dernière bénédiction; la bonne Mère générale prit sa fille mourante dans ses bras : quelques instants après, Marie Stella s'y endormit en paix [1]. »

La perte d'une fille si aimée et si digne de l'être brisa le cœur de Mme Lavergne. Les lettres qu'elle écrivit à cette époque sont remplies des accents d'une âme inconsolable. Certes, la foi qui la soutient demeure toujours intacte; mais la note gémissante et doucement plaintive

1. *Léon Aubineau.* — Extrait d'un article nécrologique paru dans *l'Univers* du 2 janvier 1873.

apparaît pour la première fois sous la plume de cette femme vaillante, et révèle l'excès d'une indicible souffrance.

« Je veux vous demander de prier pour moi, écrivait-elle à dom Jehan de Solesmes, afin que je porte courageusement ma croix. Ma fille, sœur Marie Stella, était l'aînée, la seule de mes enfants qui eût été connue de ma mère. Elle ne m'avait quittée que pour Dieu, et, depuis son entrée en religion, il semblait que notre affection mutuelle eût augmenté. J'étais fière et heureuse de la voir bonne religieuse, chérie et respectée de tous ceux qui la connaissaient. Elle était aussi belle que bonne, et je l'ai vue mourir dans sa fleur ! Mes larmes ne tarissent pas. Je l'ai sans cesse devant les yeux, et j'ai bien de la peine à me soumettre à la volonté du bon Dieu.

« Il le faut, cependant, pour mériter d'aller la rejoindre au ciel.

« Mes autres enfants m'entourent, me caressent, veulent me consoler. Je suis une heureuse mère ; je le sais, je le sens, et pourtant je ne fais que pleurer..... »

Plus tard elle écrivait encore :

« Lucie est toujours devant mes yeux, je ne puis m'habituer à cette affreuse pensée : Ma fille est morte. Je passe des heures entières à pleurer dans la chapelle de Sion. Certes, le bon Dieu m'a donné de grandes consolations. J'ai d'autres enfants bien bons, bien chéris ; je sais que ma fille est au ciel. A l'occasion de sa mort, j'ai reçu mille témoignages d'affection pour nous et de bénédictions pour elle. Mais enfin elle est partie et c'est une chose cruelle que de survivre à son enfant. L'espoir de la rejoindre m'adoucira bien la mort. Si vous saviez ce qu'elle a été pendant les deux derniers mois, sa grâce, son amabilité charmante, avec quelle patience angélique, quelle joie sainte, elle souffrait! Le R. P. Ratisbonne le dit : Elle est morte en odeur de sainteté [1]. »

Parmi les témoignages de sympathie et d'affectueuses condoléances adressés aux parents de sœur Marie Stella, nous ne citerons que celui de l'éloquent évêque de Genève, Mgr Mermillod, dont voici l'admirable lettre :

---

[1]. Lettre à Mme Lavergne-Rebuffel, 8 février 1873.

« Genève, 4 janvier 1873.

« Octave des Saints-Innocents.

« Mon cher ami, je viens de lire dans l'*Univers*, avec l'émotion dans le cœur et les larmes dans les yeux, le récit de la mort de votre bien-aimée Lucie.

« Je ne sais si je dois vous donner des consolations, ou mieux vous féliciter d'avoir envoyé un ange au ciel et mis au firmament de la vraie Sion une belle étoile.

« Son nom de *Stella* l'avait prédestinée à cette gloire précoce, votre foyer si chrétien a été le doux et bon noviciat de sa cellule, comme sa cellule l'a été du Paradis.

« Malgré ces consolantes certitudes, votre cœur, le cœur si vaillant de sa pieuse mère, le cœur de vos enfants, tous doivent souffrir de cette séparation. Le Maître a eu des larmes même alors qu'il disait : *Ego sum resurrectio et vita !*

« Que mes vives sympathies, que celles de M. Dunoyer unies aux miennes, que mes regrets et mes prières associés aux vôtres vous soient de quelque douceur.

« Comme je me souviens avec attendrissement
de cette gracieuse Lucie qui me parlait de son
catéchisme, qui aimait tant l'Église et les âmes !
Elle a le repos, et nous restons dans la douloureuse mêlée du champ de bataille. Je suis tenté
de l'invoquer au milieu de mes luttes pour la
sainte liberté de l'Église et les droits de Pie IX.
Nous pouvons lui répéter ces mots de l'office
de Sainte-Lucie : *In tuâ patientiâ, possedisti
animam tuam, Lucia sponsa Christi, odisti quo
in mundo sunt et coruscas cum angelis.*

« Dites bien à Mme Lavergne mes tendres
sympathies, à vos enfants mes affectueux sentiments, et vous, cher ami, recevez l'expression
de mon amitié fidèle et veuillez accueillir les
bénédictions les plus dévouées de l'évêque et
de l'ami.

« ✝ Gaspard Mermillod,

« évêque. »

Mme Lavergne n'était pas encore arrivée au
sommet de la voie douloureuse. Dieu, qui frappe
souvent ses plus fidèles serviteurs pour leur
faire mériter de plus hautes récompenses, voulait encore un holocauste.

Marie, sœur cadette de Lucie Lavergne, en

voyant souffrir et mourir son aînée, avait senti s'affermir sa propre vocation d'être aussi religieuse, et cette belle et gracieuse jeune fille, à qui tout souriait dans le monde, résolut de prendre, au couvent, la place et le nom de sœur Marie Stella, afin, disait-elle, de « vivre et de mourir comme elle ». — Ainsi germent des fleurs sur les tombeaux.

« Notre fille Marie était née le jour de l'Épiphanie, et nous l'avions reçue comme un présent royal, lisons-nous dans le *Memento* des deux sœurs Stella. Tout enfant, elle était déjà si jolie que nous retrouvions en elle les traits de la belle Notre-Dame-de-Bon-Secours, peinte par son père à Châtillon d'Azergues, l'été précédent.

« Son enfance fut si douce et si naïve qu'on l'appelait, dans la famille, la petite sœur Simplicienne. Notre ami, le docteur Tessier lui promettait qu'elle viendrait soigner les malades avec lui à l'Hôtel-Dieu, quand elle serait sœur de charité, et cette promesse la comblait de joie. Pauvre Marie ! lorsque dans nos longues promenades des vacances il nous arrivait d'oublier qu'elle était moins forte que ses aînées et de l'emmener trop loin, elle marchait sans se plaindre, allant « jusqu'au bout d'elle-même » ; puis, tout à coup, s'agenouillant sur le chemin, elle disait en souriant : « Marion est lasse. » Alors son père et ses frères la portaient tour à tour, se disputant ce frêle et gracieux fardeau. Dans sa vie religieuse elle a cheminé ainsi... et fléchi de même... sans se plaindre jamais. »

Ce délicieux récit de l'enfance de Marie Lavergne fait deviner toute la place qu'elle occupait dans la maison paternelle. Son départ, si rapproché de la mort de sa sœur, allait mettre le comble à la tristesse de ses parents, et sa mère pleura, non sur sa fille allant à Dieu, mais sur le désert qui se faisait au logis, sur ces grâces, sur cette beauté ensevelies sous la bure et le voile et qui ne devaient plus jamais égayer sa demeure ni orner son foyer.

« Marie va partir! écrivait-elle. Elle entre le 8 septembre au postulat de Sion. Elle a obtenu le consentement de son père avant le mien. J'aurais voulu attendre que Noël fût revenu du régiment, qu'elle eût vingt ans; enfin j'aurais voulu la garder encore, cette belle et douce fille. Elle veut s'en aller. Non, je ne puis vous dire quelle peine est la mienne; mais je ne puis la plaindre : elle choisit la meilleure part. Si on savait d'avance quelles douleurs il y a à subir quand on est mère, personne ne se marierait.

« Sœur Stella a laissé à Sion un tel souvenir que toute la maison regarde l'arrivée de sa sœur comme une bénédiction de Dieu. Marie, si elle persévère, prendra le voile le 6 janvier et portera le nom de sa sœur : ce sera *Sœur Marie Stella II*. Elle aura, ce jour-là, vingt ans... elle est rayonnante de joie, et fait tous ses petits préparatifs gaiement, comme Lucie. Sa belle santé me fait espérer que le sacrifice n'ira pas si loin, et que le bon Dieu se contentera de me la prendre en ce monde sans me donner la douleur de lui survivre[1]. »

Hélas! neuf ans après, la seconde *Étoile* devait rejoindre la première... au ciel!

En effet, au printemps de 1882, sœur Marie Stella, professeur de dessin et de peinture à Paris, était envoyée par ses supérieures au couvent de Royan, pour s'y reposer.

1. Lettre à Mme N. Lavergne-Rebuffel, 13 août 1873.

C'est là qu'elle mourut, le 2 juin de la même année.

Prévenus du danger, sa mère et son plus jeune frère étaient accourus et passèrent auprès d'elle les douze derniers jours de sa vie.

Jours d'inexprimables angoisses pour une mère qui, suspendue entre la vie et la mort, épiait le moindre signe, la moindre lueur d'espoir et voyait l'incessante maladie poursuivre et achever la destruction de son enfant.

En deux mois ce joli visage, tant de fois reproduit par le crayon paternel, était devenu méconnaissable; une maigreur de spectre, la pâleur de l'ivoire, avaient remplacé ces contours si gracieux, ce teint rosé, ce sourire d'ange que nous avions aimés.

Pauvre petite sœur! Elle ne proféra jamais une plainte, et elle disait à ses compagnes : « Le martyre de ma mère est bien long! »

Mais le cœur de Mme Lavergne avait beau être torturé, elle puisait dans son amour assez de force pour dissimuler ses larmes et relever tous les courages. Et pourtant elle n'avait pas d'illusions.

« Ma fille se meurt, écrivait-elle de Royan, et

vous savez combien je l'aime, combien elle mérite d'être aimée! Le bon Dieu donne des forces incroyables. Je ne comprends pas la paix que je sens se mêler à une telle douleur. Cela vient de l'exemple qu'elle me donne. Elle est résignée, souriante, tout abandonnée à Dieu, sans un regard en arrière, sans un murmure. Dans ses rêveries, elle voit autour de son lit sa famille et ses compagnes de Sion. Elle assure ne pas souffrir, mais son cher visage, naguère si doux à regarder, n'est plus reconnaissable!

« Priez pour la pauvre mourante, chères amies, et demandez pour nous la grâce d'une entière soumission à la très sainte volonté de Dieu[1]. »

La mère se tint debout près de sa fille crucifiée, jusqu'au jour où elle conduisit au cimetière les restes de sœur Marie Stella.

Laissons Mme Lavergne nous raconter elle-même la fin de son martyre. Quelques citations prises dans l'intimité de ses lettres nous révéleront les sentiments héroïques que la mort de sa

1. Lettre à Mlle Tony Lix.

fille lui inspira et nous dispenserons de commentaires.

« C'est vendredi dernier, à trois heures de l'après-midi et dans ce beau séjour de Royan qu'elle aimait, que ma très douce et très aimable petite religieuse s'est endormie bercée par une vision du ciel. Elle croyait voir les anges, la Sainte Vierge, sa sœur Lucie qui venait la chercher et elle disait : « Que je suis heureuse! je « vais au ciel. Dès que je serai morte, mes « sœurs, chantez le *Magnificat.* »

« Le bon Dieu a cueilli cette fleur dans tout son éclat et il a voulu de nous ce nouveau sacrifice. Que son nom soit béni!

« Mon mari est admirable de foi et de résignation. J'ai passé près de ma fille les douze derniers jours de sa vie, et je puis dire qu'elle a su regarder fixement la mort et supporté les souffrances d'une longue agonie sans faire autre chose que prier, bénir Dieu et consoler sa mère qui la regardait mourir et ne pouvait se résoudre à dire *Fiat !*

« Je ne voulais pas qu'elle mourût. Elle avait beau me dire : « Je vais au ciel! » je la retenais dans ce misérable monde. Enfin, le premier vendredi du mois du Sacré-Cœur, en faisant la sainte communion, je devinai ce que le bon Dieu voulait; je lui dis : « Seigneur, prenez-la « ce soir, à trois heures. » Et il le fit; le Seigneur Jésus, bonté infinie. Je ne puis comprendre comment j'ai eu la force de dire cela.

« Tout Sion la pleure comme nous; mais nul ne doute de son bonheur. C'est là ce qu'il faut regarder.

« Ce matin, à la messe qui a été chantée pour elle, son pauvre père a dit le *Magnificat*, puis il m'a passé son livre en silence. Je l'ai lu, mais je ne puis le prononcer encore. Cela viendra.

« Notre vieil ami, Mgr Mermillod, qui est à Rome, vient à l'instant de nous télégraphier ces mots : *Le Saint-Père vous bénit dans votre douleur. Mon cœur est avec le vôtre. — Sursum corda* [1]. »

1. Lettre à M. Brianchon.

VIII

LA FRANÇAISE

Parisienne, née sous le règne de Charles X,
et morte pendant la troisième République,
Mme Lavergne avait vu passer sous ses fenêtres les différents cortèges de bien des gou-
vernements. Elle vit aussi beaucoup d'émeutes,
puis l'invasion étrangère, et, enfin, une guerre
civile incendiant la capitale devant les yeux
railleurs des Prussiens.

Instruite à tant d'écoles, elle avait mis tout
son espoir de patriote dans la restauration de
la monarchie légitime. et M. le Comte de Chambord, Henri V, personnifiait, pour elle, le droit
et l'honnêteté nécessaires au relèvement de la
France.

C'est en juin 1848 qu'elle reçut le baptême du
feu. La seconde République, en mal d'empire,
inondait de sang plusieurs quartiers de Paris.
Mme Lavergne habitait alors dans l'île Saint-
Louis, au beau milieu du chaos révolutionnaire.

« Nous avons été au centre des plus terribles,

affaires, écrivait-elle à son père, le 26 juin 1848, et témoins du combat qui a repoussé l'émeute et détruit la barricade du pont de l'Archevêché. Quelques mauvais voisins de l'île Saint-Louis ont attiré des coups de fusil contre nos maisons. Deux balles ont pénétré dans l'appartement : l'une d'elles a passé sur nos têtes et est allée tomber près du lit de Clotilde, après avoir traversé portes et volets; l'autre s'est aplatie sur la barre d'appui de la fenêtre au moment où Claudius fermait les persiennes.

« Notre archevêque est blessé à mort. Hier, il a fait cesser le feu des troupes et s'est avancé sur la barricade du faubourg Saint-Antoine pour offrir la paix au côté opposé..... ils ont fait feu sur lui !

« ... Adieu, ne te tourmente pas. Nous nous portons bien. Nous sommes approvisionnés pour plusieurs jours et nous n'avons pas peur. Ne viens pas, tu ne parviendrais ici qu'en courant des dangers. Nous sommes très renfermés, très tristes, mais non effrayés. *In manus tuas, Domine!* On ne peut dire que cela, mais c'est beaucoup de le dire de tout son cœur. »

L'expression de cette bravoure naturelle est encore dans une lettre du 29 juin 1848 :

« Un mal bien pénible nous a été épargné, à Clotilde et à moi : nous n'avons pas eu peur. Chaque coup de fusil nous répondait au cœur, car il frappait des compatriotes ; mais cette peur de femme qui fait trembler et crier ne nous a pas touchées. »

La publication de la *Correspondance* de Mme Julie Lavergne donnera de curieux aperçus sur les fameuses « Journées de Juin ». Nous ne pouvons nous y arrêter ici, pressés que nous sommes d'arriver à l'époque du siège et de la *Commune* de Paris.

Volontairement demeurée chez elle pendant toute la durée de la guerre, Mme Lavergne eut, plus que jamais, l'occasion d'utiliser sa foi toujours joyeuse, son espérance invincible et son active charité.

Les lettres qu'elle écrivit chaque jour, en 1870 et 1871, ont toutes la valeur de documents historiques ; nous n'y prendrons que des passages très courts, choisis parmi ceux où l'auteur, sans y penser, se raconte et caractérise lui-même.

Et d'abord, voyons comment elle observe, comprend et même partage l'enthousiasme avec lequel beaucoup de Français accueillirent la nouvelle d'une déclaration de guerre à la Prusse. Comme eux, elle ne se doutait pas de l'imprévoyance et de la légèreté coupables du gouvernement impérial; elle ne voyait que la justice de la cause et croyait la France prête à remporter des victoires.

« On ne parle que de guerre avec la Prusse, écrivait-elle le 17 juillet 1870; elle est, dit-on, déclarée de cette nuit et paraît fort populaire à Paris. Hier et avant-hier, jusqu'à minuit, les boulevards ont été couverts d'une foule immense. On portait des drapeaux, on criait : A Berlin! A bas la Prusse! Vive la guerre! A bas Bismarck! Et toute femme que je suis, ma fille, je suis contente que le sentiment national se réveille.

« Laisser un Prussien devenir roi d'Espagne, cela n'est pas supportable. Nous avons reculé deux fois devant Bismarck : en n'achetant pas le duché de Luxembourg, en laissant commencer le chemin de fer prussien du Saint-Gothard qui mettra la Prusse en communication directe avec nos amis les Judas italiens; ce sont deux reculades honteuses, il est temps de barrer le chemin à cette puissance protestante, avant-garde du diable. Or donc, ma fille, disons des *Ave Maria*, préparons de la charpie, et n'ayons pas peur. Mieux vaut cent fois une guerre juste qu'une paix déshonorante!..... »

C'était parler en vraie française, et Mme Lavergne n'eut pas un instant la pensée de regretter la paix.

« J'ai formulé la consigne ainsi qu'il suit, écrivait-elle le lendemain du jour où son fils aîné partait pour la frontière de l'Est : le devoir veut qu'on parte et l'honneur veut qu'on chante. Et nous chantons si bien que beaucoup de personnes qui arrivent ici avec des figures renversées en sortent transformées. Je soutiens que pleurer et blâmer la guerre, c'est se faire l'allié des Prussiens. »

On sait avec quelle rapidité l'infortune s'abattit sur nos armes.

Que de douleurs! Quelle effroyable bataille! Le jour même où le drapeau français

1. Lettre à sœur Marie Stella de Sion, 17 juillet 1870.

quittait Rome, la défaite de Wissembourg ouvrait l'ère des désastres.

« Que Dieu ait pitié de la France !

« Paris est dans la consternation. Au lieu de préparer la défense sans bruit, on s'est hâté d'afficher l'état de siège, l'armement des forts, etc. — Les journaux disent : « Parisiens, ne « partez pas! » Ce qui fait nécessairement décamper tout le monde.....

« Ici la République peut fort bien devancer les Prussiens ; joli moyen pour repousser l'invasion !

« Quant à nous, ma chère fille, nous attendons les événements dans cette tranquillité douloureuse que donne l'abandon parfait à la volonté de Dieu [1]..... »

Cet « abandon parfait » n'impliquait pas, chez Mme Lavergne, l'acceptation de la défaite. Bien au contraire, elle fait appel, dans ses lettres, à l'union de tous pour courir sus à l'ennemi, et, d'un trait de plume, elle indique la conduite qu'elle aurait tenue devant le Parlement si elle eût été Régente au lieu et place de la malheureuse impératrice :

1. 8 août 1870.

« Les détails.de la bataille de Reischoffen
navrent le cœur. On accuse l'empereur, les
chefs, etc. Mais ce ne sont ni des oraisons funèbres, ni des réquisitoires qu'il faut à la France
et à ceux qui sont morts pour elle. Une prompte
vengeance, l'union de tous pour repousser l'ennemi : voilà ce qu'il faut.....

« Après la séance de mardi dernier au Corps
législatif, si j'avais été régente j'aurais fait em-
poigner, la nuit, les treize députés de la gau-
che et je les aurais expédiés avec ordre de les
mettre sous clef au château d'If, et, le lendemain,
j'aurais ouvert la séance en disant aux députés :
« Messieurs, si vous n'êtes pas contents, en
« avant les canons! » Mais Blanche de Castille
et Anne d'Autriche ne sont plus imitées. Nos
souveraines n'ont plus ni quenouille ni scep-
tre [1]. »

L'approche des ennemis et la perspective
d'un siège avaient fait fuir de Paris quantité de
gens que les gamins saluaient au départ de
l'épithète peu flatteuse et bien méritée de
francs-fileurs. Dans cette panique les femmes

[1]. Lettre à sœur Marie Stella, 11 août 1870.

de la grosse bourgeoisie se distinguaient, trouvant mille prétextes pour mettre en sûreté leurs précieuses personnes, quittes à laisser leurs époux dans la place où le service de garde nationale les retenait. Cette conduite était si en dehors des idées de Mme Lavergne qu'elle cherchait vainement à se l'expliquer.

« M. X..., restera à Paris, lisons-nous dans une de ses lettres du 19 août; il a dit à sa femme d'aller à Genève. — Mme Z... a un passeport pour se réfugier en Normandie. Toutes ces dames-là m'étonnent; je ne comprends pas que l'on quitte son mari sans y être absolument forcée. La femme d'un militaire ne peut aller à l'armée, mais la femme d'un garde national doit être au logis. Si son mari est blessé, veut-elle donc qu'il aille à l'hôpital ? »

Bien loin d'abandonner son poste, Mme Lavergne donnait à ses concitoyens le bon exemple en ne changeant rien aux habitudes de sa maison. Beaucoup de personnes renvoyaient leurs domestiques, refusaient de payer leurs fournisseurs et cachaient leur argent, ce qui mettait une foule de gens dans l'embarras. Elle, au contraire, voulut que chacun fût traité chez

elle pendant la guerre comme en temps de paix.
Date et dabitur vobis, aimait-elle à dire, avec
l'Évangile. Aussi sa demeure hospitalière était
le but d'un véritable pèlerinage. Parents, amis,
voisins y accouraient pour voir Mme Lavergne
et se remonter le moral au souffle de son indomptable énergie. Les militaires, officiers,
sous-officiers et soldats étaient surtout les
bienvenus, car elle aimait les combattants. Seuls
les poltrons étaient l'objet de son mépris, et elle
qualifiait ainsi non seulement les fuyards,
mais encore tout homme valide qui, d'une façon quelconque trouvait moyen de ne pas s'exposer au feu. Voici ce qu'elle écrivit un jour, à
propos d'un beau garçon de cette espèce :

« Le jeune *** a passé la demi-journée ici,
jeudi, pendant que j'étais allée voir mon fils au
camp. Il avoue qu'il est très content de n'avoir
pas l'âge d'être soldat. S'il était à moi, je le ra-
brouerais comme il faut. Quand on a le mal-
heur de penser certaines choses, il faut avoir
la pudeur de ne pas les dire.

« Adieu, mon frère ; dès que les Prussiens
seront exterminés, nous nous reverrons et nous
en parlerons dans la « chambre des dames »,

comme disait Joinville à la bataille de Mansourah [1]. »

Hélas ! à l'heure même où Mme Lavergne traçait ces lignes, l'empereur et notre armée étaient prisonniers à Sedan.

Le lendemain, 4 septembre 1870, la République fut proclamée. Deux jours après, Mme Lavergne appréciait ainsi qu'il suit cette révolution faite devant l'ennemi :

« Ma fille, nous voici en république, c'est-à-dire dans un vaisseau sans voiles, ni rames, ni pilote et au milieu d'une épouvantable tempête. *Ave, Maris Stella;* voilà tout ce qu'il faut dire.

« Les armées s'avancent, les hommes s'agitent, parlent, combattent. Ce matin le tonnerre grondait effroyablement, il semblait que le ciel était aussi ému que la terre. Puis la pluie est venue et tombe à flots pressés détrempant les chemins, grossissant les rivières, gonflant les raisins et préparant les sillons pour la moisson de l'année prochaine. Cette puissante main de Dieu caresse en châtiant; on la sent irrésistible et paternelle. Comment ne pas espérer en

1. Lettre à M. Lucien Ozaneaux, 3 septembre 1870.

Dieu quand la vanité du reste est si évidente ?

« Georges a été bien heureux de passer quelques heures dans cette admirable solitude de Versailles où chaque arbre, chaque fleur nous rappelle des jours si heureux. Il est retourné le soir au camp par le chemin de fer de ceinture. Noël est revenu coucher à Paris où on s'occupait à proclamer la République en se trémoussant pour avoir l'air content. Le fait est que les républicains eux-mêmes sont fort tristes. En 1848, mourir pour la patrie n'était qu'une chanson ; à présent, c'est une chance très imminente, et je ne crois pas que nos illustres gouvernants soient aussi disposés à le faire que les soldats de Mac-Mahon ou les braves Strasbourgeois. Ils commencent à dire que Paris n'est pas armé, que les munitions manquent, etc., etc.; et le bruit d'aujourd'hui, c'est que Jules Favre est allé traiter avec le roi de Prusse. Du reste, on dit tant de contes que le mieux est de n'en croire aucun.

« Noël est au camp : cette pluie torrentielle va rendre les tentes inhabitables. Hélas ! où enverra-t-on ces pauvres mobiles ? Ils chantent, ils crient : Vive la République ! avec l'entrain de leur âge. Les jours de pluie, ils sont bien malheureux, rien à faire; entassés sous des tentes, sur la paille, ils font pitié; mais, qu'est-ce que cela auprès des souffrances de nos soldats vaincus [1]?..... »

Les Prussiens franchirent en peu de jours la courte distance, qui sépare Paris de la frontière de l'Est; le 18 septembre, ils occupaient le pont de Charenton.

Mme Lavergne avait déjà pris ses dispositions pour être utile à la défense.

« J'ai déclaré mon ambulance à la mairie, écrivait-elle; on est venu l'inspecter, et on l'a trouvée très bien. On va m'envoyer une grande enseigne à mettre sur ma porte et des brassards à croix rouge pour mes infirmières.....

« En attendant les blessés, je visite les trente-neuf soldats malades que le Val-de-Grâce a donnés à Sion. Ils s'ennuyaient. J'ai parlé de tabac, j'en ai apporté, et la gaieté est revenue. Sœur Marguerite s'est dévouée à soigner un varioleux. Je le visite et lui donne du raisin en lui parlant de son pays (Albi). Le pauvre soldat

1. A sœur Stella, 6 septembre 1870.

est bien content de me voir. Demain je lui mè-
nerai ta sœur Marie qui est fraîche comme une
rose. Il verra que l'on guérit de la petite vérole.....

« On parle de paix, d'armistice, etc. J'espère
bien que cela ne sera pas ; nous ne devons traiter qu'après nous être vengés [1]..... »

Pendant les longs mois du siège de Paris,
Mme Lavergne ne cessa pas de se prodiguer au
service de son pays. Un jour seulement, elle
faillit mourir d'un excès de fatigue et d'angoisses. C'était pendant l'épouvantable bombardement du plateau d'Avron, où son fils aîné passa
quatorze nuits dans la tranchée.

Le 8 décembre, elle écrit, pour la première
fois un mot au sujet de sa propre santé ; mais
c'est après avoir parlé de celle des autres, et
elle ne s'y arrête guère.

« Tout va bien ici. Le courage et la santé de
ton père sont parfaits. Nos fillettes et tes jeunes
frères se portent si bien et la cuisine du siège
est trouvée si bonne par ton père et par eux, que
c'est merveille. Je n'en suis pas là ; j'ai vieilli

1. Lettres à sœur Marie Stella, 18 et 21 septembre 1870.

de dix ans depuis le siége, mais la victoire me
guérira.

« Au milieu de tant de souffrances et de misères, le règne de Dieu arrive pour bien des
âmes, et l'amour de la patrie, le culte de l'honneur se raniment. C'est une effroyable épreuve
qui renouvellera la France [1]. »

Non seulement l'espérance de la victoire ne
la quitte jamais, mais elle voit plus haut encore :
le salut, la régénération de la France par la
guerre, fût-elle désastreuse.

« Je n'oserais le dire à tout le monde ; mais
toi, tu le comprendras, écrivait-elle, à sa fille la
religieuse ; malgré tant de sang, tant de ruines,
tant de larmes, la France est en meilleur état
qu'en 1867. La corruption d'alors était plus ef-
frayante que la guerre d'à présent. »

L'immense armée prussienne, incapable d'enlever de vive force le plus petit de nos forts,
bloquait étroitement Paris. Les lettres de
Mme Lavergne, emportées par les ballons, ar-
rivaient assez souvent en province ; mais, du-
rant les quatre mois du siége, elle ne reçut

1. Lettre à sœur Stella, 8 décembre 1870.

qu'une seule fois des nouvelles de l'extérieur :
une dépêche de Cambrai lui parvint grâce aux
pigeons voyageurs. Cette disette de réponses,
ne fut pas un de ses moindres tourments.

Paris était dominé par les batteries allemandes et défendu par des troupes improvi-
sées, il ne devait pourtant être pris que par la
famine. Ses deux millions d'habitants n'avaient
plus que quelques jours de vivres et allaient
fatalement se rendre lorsque Guillaume Ier,
humilié dans son orgueil par cette résistance
inattendue, ordonna le bombardement de la
ville.

Une seule voix dans le monde, celle de
Monsieur le Comte de Chambord, s'éleva pour
protester à la face de l'Europe, contre cet acte
de barbarie ; mais pas un souverain, pas un
gouvernement, ne lui fit écho !

Dès que les projectiles commencèrent à tomber rue d'Assas, Mme Lavergne fit tout apprê-
ter en vue des incendies qu'ils pouvaient al-
lumer et organisa le coucher de tout son monde
à la cave, car les Prussiens, voulant terroriser
la population inoffensive, tiraient surtout pendant la nuit. Mais laissons Mme Lavergne

nous donner elle-même l'impression de cet épisode lugubre :

« Quand notre tour est venu d'être bombardés, nous avons eu bien moins d'émotion que lorsque le vent d'Est nous apportait les effroyables canonnades du plateau d'Avron, et, réfugiés dans notre cave, heureux d'être ensemble, nous comptions les obus qui passaient en sifflant comme des dragons d'enfer au-dessus de notre toit, disant, à chaque sifflement : « Saint Joseph, garde à vous[1]! »

« Notre céleste gardien veillait ; pas un projectile n'a touché son domaine, mais ils venaient bien près. Chez nos voisines, les Petites Sœurs des pauvres, un obus a tué un bon vieux et brisé pour trois mille francs de vitres. Au couvent de Sion, le réfectoire a été comme pulvérisé par l'obus ; mais il n'y avait personne, et les trente-deux malades, les sœurs ni les enfants, n'ont été atteints. Chez les servantes de Marie, tout près de chez nous, un obus a éclaté dans le dortoir, brisant tout, sans blesser personne. Les quarante pauvres filles qui étaient

1. L'atelier Claudius Lavergne était sous le vocable de saint Joseph.

là se sont sauvées en chemise, et l'une d'elles, percluse depuis plus d'un an et qui ne pouvait remuer, s'est sauvée comme les autres et marche depuis parfaitement guérie. Nous avons tous vu un obus éclater sous nos yeux, à quelques pas dans la rue, mais sans rien en souffrir. Enfin, nous devons bien remercier Dieu [1]. »

Ces glorieux faits d'armes du nouvel empereur d'Allemagne ne décourageaient pas la population parisienne, et, sans la famine qui fit ouvrir les portes, Guillaume aurait inutilement continué à massacrer les vieillards, les femmes et les enfants.

Voici d'ailleurs, ce qu'écrivait Mme Lavergne la veille du jour où l'armistice fut signé :

« On parle de capitulation, de paix ; que sais-je ? C'est la bouteille à l'encre. Paris, souffre beaucoup : les bombes ne sont rien en comparaison des maladies et des privations qui déciment la malheureuse ville. La mortalité est affreuse, huit cents petits enfants en une semaine ! Nous sommes sous le grand pressoir de la justice de Dieu.....

1. Lettre à Mme Alphonse Milcent, 16 février 1876.

« Au milieu de ce déluge, on voit de temps à autre, passer comme un éclair qui montre des merveilles de préservation, de grâce et de miséricorde. Il ne faut donc pas désespérer; fussions-nous tous captifs du tyran de Prusse pendant de longues années, il n'est pas possible que la France ne se relève pas[1]. »

On le voit, la pensée même d'une longue captivité sous le joug étranger n'effrayait pas Mme Lavergne, et son âme valeureuse espérait encore contre toute espérance.

Certes, la démoralisation générale qui suivit la fin des hostilités ne pouvait l'atteindre, mais elle ressentit toute l'amertume de la défaite. Lisons quelques passages du récit de ses patriotiques douleurs :

« Il est bien vrai que le gouvernement de la *débâcle nationale*, a menti comme l'empire; que tous, excepté Trochu, ont été des fous, des imbéciles ou des fripons. Pauvre France, livrée aux bêtes! Que de douleurs, que d'humiliations!

« Pour nous, protégés entre tous, nous som-

1. Lettre à sœur Marie Stella, 26 janvier 1871.

mes réunis, et, bien que très fatigués, amaigris et tristes, tous debout.....

« Nos dernières provisions finissaient hier ; habitués que nous sommes à compter sur la Providence, je continuais à donner des rations à nos hôtes (trois mobiles et un chasseur), aux pauvres voisins et aux soldats affamés.

« Une fois que l'armistice a été signé, nous nous sommes aperçus que nous mourions de faim.....

« En somme, personne ne se plaignait ; on a supporté les bombes, les privations très fermement. Ni la résignation, ni le courage n'ont manqué. L'espoir d'être secourus soutenait les Parisiens.

« Maintenant on est triste, découragé ; on n'a plus de cœur à rien. Nos pauvres marins, nos mobiles de province ont quitté les forts en pleurant.....

« La question des vivres absorbe tous les esprits. Le ravitaillement se fait lentement et sans ordre. Les marchands volent, on les pille, ils ferment boutique et les Parisiens sortent et vont acheter aux Prussiens..... »

Les deux premiers pains blancs, apportés de

Versailles par une courageuse amie, Mme Boul-
nois, à travers les lignes allemandes, furent
distribués par Mme Lavergne aux soldats les
plus malades de l'ambulance du couvent de
Sion. Il faut avoir souffert la faim et avoir mangé
le fameux pain du siège pour bien apprécier le
mérite de cette invraisemblable générosité.

On sait qu'après l'entrée des Prussiens à
Paris et la réunion d'une assemblée de députés
à Versailles, l'esprit de révolte fit de rapides
progrès dans la garde nationale.

Les lettres de Mme Lavergne racontent, jour
par jour, l'histoire de la *Commune*, insurrection
criminelle et meurtrière qui, donnée en spectacle à nos vainqueurs, ajouta, pour notre mère
patrie, la honte d'une guerre civile à l'humilia-
tion de son désastre.

Le 20 mars 1871, après avoir fait un exposé de
la situation politique, Mme Lavergne termine
sa lettre par ces mots : « Il faut s'attendre à tout
et n'avoir peur de rien. »

Le 22 mars, au bruit de l'émeute et du canon
prussien qui tonnait en signe de réjouissance
pour célébrer un anniversaire, elle écrivait à
son frère :

« Tranquilles, sous la protection de saint Joseph, nous regardons passer les flots du torrent, sûrs que, s'ils nous atteignent, ce ne sera qu'avec la permission de Dieu. Nous restons à notre poste, donnant du courage et de l'aide à ceux qui en ont besoin. Notre obscurité nous protège et nous ne manquons ni d'armes ni de provisions en cas que la bagarre devienne tout à fait menaçante[1]. »

M. et Mme Claudius Lavergne possédaient, à Versailles, rue de la Paroisse, 2, un pied à terre, et rien ne les empêchait de s'y mettre en sûreté. D'autre part, on vint leur offrir une maison à Charenton-le-Pont, ville occupée par les Bavarois.

« Je ne pourrais me résoudre à avoir cette garnison-là sous les yeux, répondit Mme Lavergne. D'ailleurs, quand les chevaux s'emportent il faut rester dans la voiture, et c'est ce que nous faisons..... »

L'insurrection, maîtresse des remparts et de presque tous les forts, tenait en échec l'armée régulière. A l'intérieur de Paris l'anarchie était complète.

1. Lettre à M. Lucien Ozaneaux, 22 mars 1871.

« Nous sommes dans un si abominable pétrin, écrivait Mme Lavergne, le 12 avril 1871, qu'il faut s'étonner de n'être ni pillé, ni assassiné. Toute cette multitude d'enragés, ivres, armés ; cette disparition de toute résistance, de toute police ; cette lâcheté universelle (sauf le clergé et quelques rares familles, tout le monde est caché ou en fuite), font de Paris un séjour aussi triste qu'effrayant. Les jeunes gens se sauvent pour ne pas être enrôlés dans la garde nationale. On ne voit que des femmes ou des vieillards dans les rues, ce qui donne beau jeu aux gredins. Heureusement ils ont beaucoup d'ouvrage aux avant-postes. Cette nuit le canon, les mitrailleuses et les chassepots ont fait un tapage épouvantable. L'horrible guerre civile achève la ruine de Paris.

« Mes garçons, bien que pressés par leurs amis qui leur ont offert plusieurs moyens d'évasion, ont voulu rester ici. Si tous avaient fait comme eux et se tenaient prêts à un coup de réaction, on pourrait espérer. Mais tous ont fui.....

« Le 74 de la rue d'Assas est la maison aux miracles. On y travaille, on y cause, on y rit

même, comme en pleine paix. Notre humble
petit coin est animé, visité du matin au soir.

«... Les communeux se divisent, se décou-
ragent, s'entre-mangent, mais ils tiennent néanmoins par l'occulte puissance de l'Internatio-
nale.

« Des gens idiots, des repris de justice, des
ânes enragés, courbent sous leur joug la plus
fière des villes, et il faudra noyer dans le sang ce
qu'un peu de prévoyance eût conjuré. Si Jules
Favre, ce pompeux imbécile, eût désarmé la
garde nationale et laissé les fusils à nos braves
mobiles de province, à nos marins, à nos
lignards, rien de tout ceci ne fût arrivé. Mais
il fallait que les principes de 89 montrassent
jusqu'au bout leurs conséquences, et nous en
jouissons.

« Adieu, mon cher Lucien, j'ai une occasion
sûre d'envoyer ma lettre à Charenton, *en Bavière*,
et j'en profite. Nous vous embrassons tous.
Courage, confiance, ne songeons qu'au devoir. »

Le lendemain, 13 avril, Mme Lavergne conti-
nue à informer son frère :

« Le gâchis redouble, écrit-elle. La Commune
en est à sa cent vingt-quatrième affiche. Elle

invente des victoires, décrète une levée en masse et va bombarder le mont Valérien! Tout est à l'envers.....

« On n'a pas réquisitionné chez nous : notre maison détourne les obus, les maladies, la famine, et les gredins. Elle en a tellement la réputation que c'est à qui nous apportera des trésors à cacher. Pourtant c'est le logis le plus ouvert du quartier, et notre fontaine, qui a toujours coulé tandis que l'eau manquait partout, a servi de fontaine publique pendant plusieurs semaines.....

« Nos santés sont bonnes, malgré les alertes continuelles de ces chiens rouges. Ils sont fous de peur. Si le rempart est une fois franchi par les troupes versaillaises, ce sera un sauve-qui-peut; mais nos malheureuses fortifications sont trop bonnes et nous souffrirons encore long-temps. »

Mme Lavergne ne se trompait pas, et, pendant les deux mois que dura la Commune elle trouva plusieurs moyens de se rendre utile à la France. En voici un exemple :

La capitulation de Paris avait été le signal d'une complète démoralisation parmi ses défenseurs. Un grand nombre de soldats, jetant leurs armes, quittèrent leurs officiers et se laissèrent enrôler dans la garde nationale fédérée. Bientôt, cependant, la plupart d'entre eux, réfléchissant aux conséquences probables de cette désertion, cherchèrent à rejoindre leurs anciens régiments. Ce n'était pas chose facile. Toutes les issues étaient gardées par les insurgés qui arrêtaient les hommes valides, et, de plus, il y avait lieu de craindre le jugement des conseils de guerre en arrivant à Versailles. Ce que voyant, Mme Lavergne eut l'audacieuse pensée de créer, chez elle, une sorte de bureau de rapatriage pour les soldats égarés dans la Commune.

Tous ceux qui eurent la bonne fortune de s'y adresser furent sauvés. Elle leur procurait des déguisements, faisait disparaître leurs fusils et leurs uniformes dans un puits abandonné au fond de son jardin et les dirigeait par des voies détournées (souvent travestis en employés des pompes funèbres) sur Charenton où le curé, M. l'abbé Georges, les recevait et les accompagnait à Versailles. Là, un député ami, M. Henri Wallon, aujourd'hui secrétaire perpétuel de l'Académie des inscriptions et belles-lettres, les conduisait chez le commandant de place. Ce dernier, au vu des certificats agréablement rédigés par Mme Lavergne, faisait semblant de croire à la légitimité de l'absence de ses protégés et les réintégrait dans l'armée sans autre forme de procès.

Nous avons entre les mains le dossier des lettres de remerciements écrites par les pauvres soldats qui devaient à Mme Lavergne d'avoir échappé au déshonneur et à la mort.

Non contente d'entretenir des intelligences avec le gouvernement et de faire passer au journal l'*Univers*, imprimé à Versailles, d'intéressantes correspondances, Mme Lavergne bravait encore la Commune en cachant, dans les mansardes de sa maison, un jésuite, le célèbre P. Millériot, qui avait échappé à l'arrestation des otages.

Il y avait, dans tout cela, mille dangers d'être arrêtée, pillée, fusillée même par les citoyens maîtres de Paris; mais, Mme Lavergne ne s'arrêtait pas à de telles préoccupations, quand il s'agissait d'accomplir ce qu'elle croyait être son devoir.

« Les communards auront beau faire tapage, disait-elle, ils ne dépasseront pas d'un iota, le programme de la Providence. »

La tranquillité relative du quartier qu'elle habitait, lui assurait alors quelques loisirs dont elle profitait pour dessiner et peindre à l'aquarelle de charmantes images.

« Ce sera, écrivait-elle, une provision à donner en France ou à faire vendre en Angleterre, selon que je serai plus ou moins ruinée. Mon pinceau seul me distrait un peu..... »

Ainsi, malgré l'épouvante qui croissait dans Paris, on travaillait comme de coutume rue d'Assas, on y chantait même.

« Tant que le bon Dieu n'aura pas donné sa démission, nous serons gais », avait décidé Mme Lavergne, et elle donnait à son entourage l'exemple d'une imperturbable sérénité.

Rarement elle sortait, si ce n'est pour aller à l'église Saint-Sulpice qui restait ouverte aux fidèles, grâce à la popularité de son curé, le vénérable M. Hamon.

Un soir du mois de mai, la Commune entreprit d'installer un club révolutionnaire dans cette église; mais ses envoyés rencontrèrent

une résistance violente de la part des paroissiennes, et d'une douzaine de messieurs que
dirigeait Mme Lavergne. La victoire était douteuse quand le curé intervint, prêchant le calme
et la prudence, et laissant les orateurs de la
Sociale monter en chaire, où ils ne tardèrent
pas à devenir aphones.

Mme Lavergne se soumit, mais à regret.

« Je suis persuadée, écrivit-elle, deux jours
après que si, vendredi, au lieu de faire les exercices du mois de Marie à quatre heures, M. le
curé, nous avait tous convoqués à l'heure habituelle et nous eût donné l'orgue, nous serions
restés maîtres de l'église. Quand donc serons-
nous délivrés du joug de la canaille[1] ?.....

La fin de la Commune approchait ; le 20 mai,
les troupes régulières franchirent le mur d'enceinte, et la guerre dans les rues et les maisons
commença.

Le 23, la gare Montparnasse, voisine de la
rue d'Assas, fut occupée par les chasseurs à

---

1. Un récit détaillé de l'émeute à Saint-Sulpice, écrit par
Mme Lavergne, a été publié par le journal l'*Univers*, dans
son numéro du 18 mai 1871, édition de province.

pied, et les projectiles se mirent à tomber comme grêle dans tous les environs.

On vit, ce jour-là, Mme Lavergne arroser tranquillement son jardin, tant elle aimait les fleurs et craignait peu les balles.

La journée du 24 mai 1871, fut terrible dans le quartier du Luxembourg. Combats acharnés, incendies, explosion de poudrière, rien n'y manqua, et Mme Lavergne y déploya toute la bravoure de son cœur.

Elle écrivit, trois jours après, le récit de ces tragiques événements. Ce sera, dans l'étude consacrée à *la Française*, le dernier emprunt que nous ferons à sa correspondance.

« *A Mademoiselle Céline Catillion, à Versailles.*

« Paris, 27 mai 1871.

« *Benedicamus Domino !*

« Ma chère Céline,

« C'est à toi que j'ai écrit la première avant-hier matin. Un jeune officier, M. de P..., m'a promis de te faire passer ma lettre. Depuis, j'en ai écrit bien d'autres. Tant de personnes nous croient tous morts !

« Saint Joseph, nous a tous préservés. Nous

nous portons bien, et, ce qui vaut encore mieux, nous avons fait notre devoir en braves.

« Si nous n'avions pas été là, notre maison eût été occupée par les insurgés et brûlée. Ils ont mis le feu à la maison voisine, et c'est nous qui l'avons éteint, aidés par nos voisins de l'autre côté, car les locataires de la maison incendiée s'étaient sauvés.

« Tu liras assez de récits de toutes les horreurs commises dans Paris. L'enfer s'y est déchaîné. Je ne te parlerai que de ce que j'ai vu. Il est presque impossible, du reste, de savoir des nouvelles. Les gens exagèrent ou mentent, les journaux encore plus. Méfie-toi de ceux-ci, c'est la peste des pestes.

« Lundi matin, une rumeur soudaine se répandit : les Français sont entrés! Aussitôt, les fédérés se mirent à dépaver les rues. Ils commencèrent une barricade sous nos yeux, au coin de la rue Vavin, et forçaient chaque passant, homme ou femme, à y apporter sa pierre. Je me hâtai de m'approvisionner, de cacher mes garçons et je fis fermer la porte cochère. Ils nous laissèrent tranquilles jusqu'à trois heures; mais, commençant à être las, ils vinrent de-

mander à boire en menaçant d'enfoncer la porte.
Je leur dis : « Je vous donnerai autant d'eau
« que vous voudrez et même quelques bou-
« teilles de vin ; mais vous n'entrerez pas.
« — Nous briserons la porte à coups de canon !
« — C'est possible, fis-je, mais ce qui est sûr,
« c'est que je l'ouvrirai pas. » Et, leur passant
des bouteilles cachetées à travers la grille d'une
fenêtre, j'obtins qu'ils me laissassent tran-
quille. Ils avaient déjà tant à boire, qu'ils se
soûlèrent jusqu'au lendemain.

« La barricade n'avançait pas. Je restais à
ma fenêtre, épiant tous leurs mouvements. De
temps en temps, un officier, armé d'un revolver
et jurant comme un démon, venait les inspecter.
C'étaient alors des cris, des injures, des dis-
putes sans fin.

« Pendant ce temps, mon mari s'entendait
avec un brave Américain, notre voisin du 72,
pour qu'il cachât nos garçons dans son pavillon
du jardin, et ceux-ci, escaladant le mur, s'y rendaient munis de revolvers chargés. Nous nous
donnions de nos nouvelles par-dessus le mur.

« Avec quelle angoisse, nous écoutions les
lointaines fusillades !

« Une fois mes garçons hors d'ici (c'était le mardi matin), je tins ma porte ouverte, mais j'eus bien soin de répandre de l'eau bénite sur le seuil.

« Bien m'en prit : ils vinrent trois fois pour perquisitionner. Je leur dis : « Vous pouvez aller partout », et, d'eux-mêmes, ils s'arrêtèrent près de la fontaine. Il semblait qu'une main invisible les arrêtait là. Deux d'entre eux parlèrent à Claudius ; ils furent très respectueux. Marie en reçut trois autres sous la porte. Ils lui dirent : « Nous voudrions bien dîner avec vous. » Elle leur assura qu'il n'y avait ici que des femmes, et que nous n'avions pas de quoi donner à dîner à des gaillards comme eux. Ils étaient tellement ivres qu'ils se laissèrent éconduire facilement.

« Vers le soir, ils s'agitèrent plus. Le bruit de la bataille se rapprochait. On disait les Français à Notre-Dame-des-Champs. De même que l'autre nuit, je ne me déshabillai point, veillant sur ma maison. Ils s'endormirent tous, sauf les sentinelles. Un colonel (Lisbonne), coiffé de plumes rouges, vint les réveiller en blasphémant. Tous leurs officiers s'étaient dispersés. Il les menaça, fit le diable et s'en alla.

« Le jour se levait; c'était le 24 mai, fête de la délivrance du pape Pie VII, fête de Notre-Dame-Auxiliatrice. Tout près de la barricade, caché dans le feuillage d'un marronnier du Luxembourg, un rossignol chantait. Cette petite créature me réjouit le cœur; je louai Dieu avec elle et remis tout entre les mains de la Providence.

« A peine le soleil fut-il levé que les combattants se rapprochèrent de nous, si bien que les balles pleuvaient dans le jardin. La barricade fut terminée à la hâte; on braqua un canon et une mitrailleuse et ils se mirent à tirer d'une telle force que la maison tremblait, mais pas nous, car nous entendions les chassepots des Français.

« La matinée fut terrible. C'était un tapage affreux. Les insurgés se battaient entre eux. Les uns voulaient fuir, les autres les forçaient à rester et tiraient dessus. Nos voisins du 76 s'enfuirent éperdus, emportant de petits enfants, des paquets, etc.

« Parmi ces pauvres effarés était un jeune prêtre[1]. Les insurgés se saisirent de lui, le for-

1. M. l'abbé Hénon.

cèrent à mettre le feu au canon et l'emmenèrent
vers la poudrière. (Il n'a été retrouvé qu'hier
soir, sans blessures, mais malade de fatigue et
de frayeur.) Nous ne bougeâmes pas, guettant
toujours, car l'épouvante des insurgés annonçait que les Français approchaient. Tout à coup,
nous les vîmes détaler; mais, en même temps,
les flammes et la fumée jaillirent dans la rue.
La boutique de l'épicier et celle du marchand
de vin, en face d'elle, brûlaient. Nous courûmes
au feu tenant, qui un arrosoir, qui un seau, etc.
Un insurgé nous cria en s'enfuyant : « Sauvez-
« vous, tout va sauter! » Les flammes s'élan-
çaient des baraques voisines de la poudrière.
Nos locataires voulaient fuir. Mon mari et moi,
nous les emmenâmes tous à l'atelier avec les
domestiques et je leur dis : « Sauvez-vous si
« vous voulez, moi je reste; Dieu nous gar-
« dera. » Et j'entonnai l'*Ave, Maris Stella*. Les
enfants le chantèrent bravement. Puis, la poudrière ne se décidant pas à sauter, nous retour-
nâmes au feu qui gagnait déjà le second étage.

« Tout à coup, Georges s'écrie : « Je vois les
« Versaillais! France! France! » Les balles sif-
flaient comme des merles, mais on ne s'en in-

quiète pas. Nous sortons tous en criant : Versailles ! Douze ou quinze braves lignards, criblant de coups de fusils le poste d'en face, arrachent le drapeau rouge et accourent vers nous. Georges et Noël leur prennent leurs drapeaux tricolores, les plantent, l'un sur la barricade, l'autre sur notre maison, et les insurgés, encore en vue, se sauvent et disparaissent. C'était une joie, des cris ; on était en France !

« Mais un bruit horrible retentit : la poudrière saute, et nous voilà couverts d'éclats de bois, de verre, de tuiles, et, presque tous, tombant à genoux. Au même instant, je fus assurée intérieurement que pas un des miens n'était blessé. C'était vrai. Je fus la seule atteinte, et si peu que ce n'est rien. J'avais préparé du linge et tout ce qu'il fallait ; je me mis de suite, avec mes braves filles, à panser les blessés. Il n'y avait rien de bien grave, mais beaucoup de sang.

« Ces bons soldats étaient si pressés d'aller se battre qu'ils ne me laissaient presque pas le temps d'attacher les bandages. Nous fîmes coucher sur un lit le plus endommagé. Un autre, blessé d'un coup de feu, fut emmené à l'ambulance. Puis on cria : Voici l'état-major! Vivent les braves! Vivent nos libérateurs! Bien vite, de mes mains encore ensanglantées, je coupai des roses et des lauriers, et mes filles coururent les offrir aux officiers. Marie donna la première rose au général de Rivière, en lui disant : « Général, c'est la France qui vous l'offre par « ma main. »

« Mes deux filles couraient bravement au milieu des chevaux. Tout l'état-major les acclamait. Le général dit à Claudius, tout ému : « Ah! monsieur, cet accueil me rend bien heu- « reux. C'est la première fois que nous sommes « ainsi reçus dans Paris, et voilà trois jours que « nous y sommes entrés. » Mon mari lui donna quelques renseignements, et il continua son chemin, non sans que les voisins, animés par notre exemple, n'eussent offert des rafraichissements à toute la troupe. Puis arrivèrent les chasseurs, l'artillerie, le train des équipages : en quelques minutes, le jardin du Luxembourg fut nettoyé de fédérés. On tua tout ce qui ne s'enfuit pas plus loin.

« Mais, pendant ce temps, le feu gagnait, et il fallut s'y remettre tout de bon. Georges enfonça les portes à coups de pied et ses frères se mirent à la tête des pompiers improvisés. Ma pompe d'arrosage était leur seul instrument; l'adresse et le courage y suppléèrent.

« Joseph entra seul dans une chambre dont le parquet commençait à flamber. Il éteignit le feu, mais ses souliers y périrent et ses pieds furent un peu brûlés.

« C'était juste au-dessous de l'appartement de Michelet : le pétrole montait vers le pupitre incendiaire de cet homme, qui doit le salut de sa bibliothèque aux enfants d'un catholique.

« A cinq heures c'était fini, et, jusqu'à la nuit, nous régalâmes nos braves soldats. On fit le dîner des officiers dans notre cuisine, mais ils voulurent le manger dans le Luxembourg, parce que les insurgés y lançaient des obus et qu'il fallait donner l'exemple aux soldats. Ceux-ci ne tarissaient pas en éloges sur leurs chefs. C'était délicieux de les entendre. Il tombait bien par-ci par-là des obus et des balles, mais on n'y faisait guère attention.

« Le P. Millériot, sorti de sa cachette, voulut retourner aussitôt à son couvent. Noël l'y accompagna. Il fut acclamé dans les rues. On était si heureux de le revoir! Il accostait tous les soldats, les remerciait; enfin c'était charmant.

« Cette nuit-là, nous avons un peu dormi. La journée d'hier s'est passée à remettre un peu d'ordre dans le chaos, à donner et à recevoir des nouvelles.

« Nos chères Sœurs de Sion et les Petites-Sœurs des pauvres vont bien. Elles ont eu bien des aventures que je te conterai une autre fois. Hier, nous avons tous eu le bonheur de communier à Saint-Sulpice, où il ne manque que des milliers de vitres et où le retour du vénérable M. Icard réjouit tout le monde. Le pauvre vieil abbé est pâle comme la mort. Il a dû bien souffrir.

« La journée du 24 a été terrible, mais l'une des plus belles de ma vie. Sais-tu pourquoi? Pas un de mes enfants n'a pâli, n'a reculé d'une ligne. L'incendie, l'explosion, les obus et les balles, rien n'a effacé de leurs chers visages la sérénité des enfants hébreux dans la fournaise. Ce sont de vrais chrétiens, de vrais Français, Alleluia !

« A bientôt, ma chère Céline, je t'embrasse comme je t'aime.   « Julie LAVERGNE. »

Au moment où les fils de Mme Lavergne allaient, sur son ordre et sous le feu des deux partis, remplacer au sommet de la barricade le drapeau rouge par le drapeau tricolore, un voisin, qui se trouvait auprès de leur mère, s'écria :

« Ah! madame, retenez ces jeunes gens; ils vont être tués et nous faire massacrer!

— Ce sont mes enfants, lui fut-il répondu, et, s'ils n'y allaient pas, je les y mènerais. »

Alors ce vieux jocrisse s'émut et dit : « Ah! madame, vous avez une famille *attendrissante!* »

Je n'oublierai jamais l'air de mépris avec lequel Mme Lavergne lui tourna le dos pour aller se placer à la chaîne.

Avant de clore ce chapitre de batailles où nous avons vu ce qu'une femme patriote et chrétienne peut faire, au milieu des pires catastrophes, pour servir son pays et donner l'exemple des vertus civiques, nous reproduirons une page d'agenda retrouvée par hasard dans un livre de comptabilité domestique. Si toutes les Françaises pouvaient s'imprégner des idées que cette page contient, nous redeviendrions bientôt la première nation du monde.

« Épargner toute peine à ceux que nous aimons, c'est haïr leur âme. J'aurais pu facilement éviter à mes enfants les épreuves et les souffrances de la guerre, et je ne l'ai point fait. Chrétiens, ils doivent combattre avec l'Église militante ; Français, ils doivent souffrir quand la patrie souffre.

« De tels tableaux ne sont point faits pour les yeux des jeunes filles, disent les mères dégénérées de ce siècle. — Je veux, moi, que les yeux de mes filles se fixent sur le sang, sur le feu, sur la mort, quand le devoir l'exige. — Je veux, qu'au besoin, elles puissent monter sans pâlir les degrés de l'échafaud, comme ont fait des centaines de Françaises aussi jeunes, aussi délicates qu'elles-mêmes. Une vierge chrétienne doit savoir mourir en silence et non point crier grâce à *Monsieur le bourreau*, comme une Dubarry, et, pour cela, il faut commencer par ne pas lui donner l'exemple de la peur.

« Je fuis à cause de mes filles ». m'ont dit mes amies. — Je reste à cause de mes enfants, ai-je répondu. Tous doivent être braves, les filles comme les garçons, et je veux les voir au feu.

« Je les y ai vus, et grâces en soient rendues à Dieu, aucun d'eux n'a fléchi, aucun d'eux n'a fait à la canaille et au canon l'honneur de les craindre.

« — Et si vos enfants avaient été blessés ; s'ils avaient été malades, prisonniers, etc. ?

« — Hé bien, Dieu aidant, ils auraient supporté tout cela et pis encore, s'il est possible ; mais du moins ils n'auraient pas reçu de leçons de lâcheté.

« Nous appelons les choses autrement en ce siècle-ci ; mais, dès les premiers temps de l'ère chrétienne saint Paul avait écrit : *Prudentia carnis mors est.*

« C'est la prudence de la chair qui nous tue C'est elle qui a diminué la population de la France, c'est elle qui a enfanté les fuyards, honte et désespoir de notre malheureuse patrie. C'est elle qui nous fait abandonner la plus sainte des causes parce que humainement elle est perdue ; c'est elle qui amoindrit le senti-ment du devoir et efface toute notion de l'hon-neur.

« O mort, ton froid s'étend du cœur des mères aux bras des enfants, et ils ne savent

plus combattre parce qu'on leur a appris à
compter leurs ennemis, à calculer les chances,
à délibérer.

« Mères des cavaliers de Reischoffen et des
zouaves de Patay, vous dont les larmes coulent
en silence sur des tombes sanglantes, priez
pour nous, priez pour la France, et que l'action
de grâces se mêle à vos sanglots, car vos enfants sauvèrent l'honneur et leur exemple ra-
nimera l'âme de la patrie ! »

IX

L'ÉCRIVAIN

Dans un très beau livre intitulé : *Restauration de la flèche de Caudebec*[1], M. le chanoine Delalonde, vicaire général et doyen de la faculté de théologie au diocèse de Rouen, s'exprime en ces termes :

« Mme Julie Lavergne, dont le nom restera dans l'histoire de la littérature au dix-neuvième siècle, ne chercha nullement cette renommée hâtive dont tant de médiocrités sont si jalouses ; avant tout, elle fut épouse et mère. Son premier ouvrage, les *Neiges d'antan*, ne parut qu'en 1877 et révéla un conteur charmant qui joignait à la fleur de la jeunesse les fruits exquis d'un talent mûri par l'étude et l'expérience. Mme Julie Lavergne entrait désormais dans les rangs de nos écrivains d'élite, tout en gardant sa simplicité d'allures, tout en continuant l'accomplissement de ses devoirs domestiques qui n'avaient fait que s'accroître avec les années. »

1. Rouen, impr. Espérance Cagniard, 1888. (Épuisé.)

Nous verrons plus loin comment il se fait que des notes biographiques sur Mme Lavergne aient leur place dans cet ouvrage consacré à l'architecture d'une église célèbre, mais auparavant nous devons retrouver l'origine et suivre les débuts de sa vocation d'écrivain.

On n'a pas oublié le milieu très intellectuel où Julie Ozaneaux fut élevée, non plus que le soin apporté à son instruction par un père savant et épris de cette intelligence fertile. Tout enfant, elle avait le don d'inventer et de raconter des histoires, et son style nous a montré avec quelle aisance native elle maniait la plume. Le plaisir qu'elle prenait à écrire et son inclination à traiter les sujets les plus variés et les questions les plus hautes apparaissent clairement quand on lit ses lettres, et il n'est pas douteux qu'en s'adonnant pendant les vingt-sept premières années de son mariage, à des devoirs d'épouse et de mère de famille, Mme Lavergne fit à son mari et à ses enfants, le coûteux sacrifice de ses préférences et même de sa passion pour les travaux littéraires.

Ce n'est qu'après les événements de 1870, alors que les succès de Claudius Lavergne et l'âge de ses enfants lui donnaient des loisirs, qu'elle se permit la joie d'écrire pour écarter la tristesse et l'image obsédante des maux qu'elle avait vus.

« J'ai le cœur si plein de haine contre l'ennemi, de honte et de regrets pour notre malheureuse patrie, écrivait-elle en 1871, que je ne puis lire de sang-froid une seule ligne qui parle de nos désastres. Le nom seul de l'Alsace me fait pleurer.

« Je laisse ce cruel passé à la miséricorde de Dieu et l'effrayant avenir à sa Providence, et, fatiguée d'entendre prédire et raconter des malheurs, je fais comme ces vieux marins qui, entre deux manœuvres, charment les ennuis de la traversée par des récits fantastiques[1]. »

Et elle imaginait des contes pour se reposer de la réalité. Ces contes, écrits sans ratures sur des petits cahiers dont elle enluminait les marges, étaient lus, avec un merveilleux talent de diction, le soir, au milieu du cercle intime de parents et d'amis. Alors on voyait les fronts se dérider, le sourire apparaître sur les visages les

1. Lettre à M. Étienne Cartier.

plus soucieux, et l'aimable auteur pouvait en toute vérité s'écrier : « J'ai inventé une huitième œuvre de miséricorde : *Lætificare afflictos;* réjouir les gens attristés ! »

Du premier coup Julie Lavergne avait trouvé ce qui est le comble de l'art en matière de récits : la simplicité, la clarté, l'émotion communicative ; tandis que les délicatesses littéraires et les finesses de son style révélaient en elle un maître écrivain de la langue française.

Le succès de ces lectures au foyer commençait à s'ébruiter, et les enfants, les amis éloignés, ne pouvant y assister, réclamaient au moins l'envoi de ces fameux cahiers. C'était autant de copies à faire.

« Ma chère fille et sœur, écrivait-elle à sœur Marie Stella de Sion, je t'ai expédié *Bluette,* l'*Infante de Léon,* la *Princesse Jahia,* la *Belle Jardinière,* le *Vannier de Chèvreloup* et la *Dernière Sonate.* Il me reste à t'envoyer l'*Histoire de la Princesse Miranda,* la *Sylphide,* l'*Archiviste de Montbriant,* la *Fontaine de Jouvence* et *Fiordilino,* sans compter ceux qui peuvent éclore ; car, tout en copiant, ce qui est fort ennuyeux, il me vient souvent à la pensée autre chose que ce

que je regarde, alors je prends un bout de
papier et je mets la bride sur le cou à ma plume,
qui part alors comme le vent et ne s'arrête
point que son héros ne soit pendu.

« J'espère que ces contes t'amuseront, quoique
mondains. M. X... s'est scandalisé parce que,
sur dix contes, il y en a cinq où l'on se marie!
Il voudrait que l'on ne parlât jamais de *cela*. J'ai
pris sa critique en riant et lui ai dit que l'Esprit-
Saint n'était pas de son avis puisqu'il avait bien
voulu nous raconter les histoires de Rebecca, de
Rachel, de Tobie, d'Esther et de Ruth, histoires
matrimoniales, s'il en fut, et que, pour prendre
mes exemples moins haut, au dix-septième
siècle, on ne savait faire ni un conte ni une tra-
gédie sans y marier les gens. Mais ce bon
monsieur est ainsi, et il a une telle frayeur que
ses filles ne pensent à se marier qu'il voudrait
qu'on ne parlât jamais devant elles de ce
méchant sacrement!!.... »

Mme Julie Lavergne aimait à emporter ses
contes à Versailles et à les lire dans le cadre
même où son imagination en avait placé le plus
grand nombre.

1. Lettre à sœur Marie Stella, 14 décembre 1871.

« L'autre jour, écrivait-elle en 1872, nous avons fait entrer le docteur Ozanam, avec toute sa smala, dans le petit théâtre de Trianon. Noël y a chanté *Pauvre Jacques*; c'était charmant. Puis nous sommes allés nous asseoir sur les marches du salon octogone au jardin français, et là, j'ai lu le *Vannier de Chèvreloup*. Il a eu trop de succès. On a pleuré, le docteur, sa femme, leur amie, Mlle de Vandœuvre. Les enfants écoutaient de toutes leurs oreilles. Le ciel était couvert, le jardin plein de fleurs. Une mise en scène à souhait. J'ai lu *Bluette* ensuite, pour égayer la compagnie, et on l'a trouvée charmante[1]. »

C'est ainsi qu'elle reprenait les traditions des beaux esprits d'autrefois. Que de lectures, en effet, n'entendirent pas jadis ces bosquets de Versailles et de Trianon où la société la plus élégante et la plus désœuvrée qui fut jamais, environnée des merveilles de l'art, enivrée du parfum des fleurs, s'amusait à quintessencier les conversations de l'hôtel de Rambouillet, les fables de La Fontaine et les romans de Mmes de Scudéry et de La Fayette!

[1]. A sœur Stella, 25 septembre 1872.

Le nombre et la variété toujours croissants de compositions nouvelles de Mme Julie Lavergne émerveillaient son entourage au point que plusieurs de ses amis lui demandaient à quelle intarissable source elle puisait.

« Vous m'avez demandé, ma chère Marie, où je prenais ces contes que vous aimez à lire, répondit-elle à Mme Laporte, fille unique du grand Ozanam.

« Où je les prends? Hélas, mon enfant, je les prends où je les trouve, et ils éclosent pour moi dans un chant, dans un nuage, dans une fleur. Celui que je veux vous dédier : *Henriette de Laubespine*, je l'ai cueilli à Versailles, dans cette touffe d'anémones blanches qui fleurissait devant la grille de votre jardin.

« Ce jour-là j'avais été au Chesnay, et, en traversant ce village, à l'heure d'or, au moment où le soleil couchant empourprait le front des bois, mon mari m'avait acheté un vieux fauteuil Louis XV, du dessin le plus élégant, et dont le dossier sculpté était orné d'un bouquet d'anémones... Et puis, quand on a passé quelques heures avec vous, Marie, avec vos deux mères, votre mari, le cher petit enfant, et l'image toujours présente de Frédéric Ozanam, on ne rêve qu'affection, dévouement, culte passionné du devoir et des souvenirs... Tout cela formait une harmonie que j'écoutais ce soir-là.

« Et de même qu'une note chantée par une voix puissante fait résonner un instrument sans que personne y touche, l'imagination de la conteuse s'émut, déploya ses ailes et s'envola dans le monde idéal.

« Là, comme dans un brouillard, passent les ombres indécises des êtres qui vous ont précédés dans cette vie et en connurent, comme nous, les joies fugitives et les longues douleurs. Ces fantômes s'animent peu à peu, leur voix devient distincte, une lumière de plus en plus vive éclaire leurs traits et le récit les fixe et les doue d'une frêle immortalité.

« Les prophètes ont la seconde vue de l'avenir, les conteurs la seconde vue du passé. C'est un don, mais ne l'enviez pas, Marie. Il est rarement accordé à la jeunesse. C'est un regain d'automne, semblable à ces fleurs qui croissent en août sur les champs moissonnés et les parent d'un dernier sourire à la veille du jour où va passer la charrue. »

Pendant cinq ans, Mme Lavergne n'écrivit que pour distraire et intéresser ses enfants aux choses qui l'intéressaient elle-même. Puis, on lui conseilla de faire imprimer un peu, pour essayer, et l'*Histoire d'une dentelle* parut sous forme de plaquette.

« J'ai voulu voir si ce que j'écrivais pouvait supporter l'impression, écrivait-elle en mai 1876. Il paraît que oui. Donc, je publierai probablement quelques-unes de mes Nouvelles. »

Dans cette même lettre, où l'on découvre pour la première fois l'intention de publier ses écrits, Mme Lavergne formule en peu de mots sa profession de foi littéraire.

« Je n'écrirai jamais une ligne que je ne puisse lire à ma fille la religieuse, mais je n'écris pas non plus pour les enfants. C'est aux grandes personnes que je m'adresse, et, bien qu'une leçon de morale soit souvent renfermée dans mes écrits, jamais, au grand jamais, je ne prêche et ne prêcherai.

« Je conte pour bercer et divertir honnêtement les gens qui ont le goût délicat, et je ne ferai pas de mes contes des étuis à sermons. Je ne pose pas en docteur; mais, au fond, mes romans seront l'antidote des romans à la mode et je prétends qu'ils sont aussi amusants, aussi touchants que faire se peut, sans que jamais le mal y soit seulement nommé ni présenté d'aucune façon. Et, je veux que la langue française y soit aussi pure que les sentiments que je retrace, aussi sobre et dénuée d'ornements superflus qu'elle l'est dans les écrivains du grand siècle. Je déteste les longueurs, les langueurs et les horreurs des romanciers. Je voudrais écrire comme saint Luc. C'est mon modèle. Le récit des *disciples d'Emmaüs*, par exemple, voilà la perfection; et je suis persuadée que la récitation de l'Évangile est la meilleure leçon de littérature à donner aux enfants. C'est ce que je réponds aux personnes qui me conseillent d'allonger mes récits. Bien au contraire, plus je les retouche, plus je les abrège [1]. »

Les contes de Mme Lavergne, imprimés à part en petites brochures, circulèrent de main en main plus facilement que leurs manuscrits, et ce fut alors un concert de réclamations pour demander qu'ils fussent imprimés en recueil.

[1]. Lettre au R. P. Sicard, mai 1876.

Des éditeurs s'offrirent, et bon gré, mal gré, l'auteur dut se résoudre à donner huit « Nouvelles » à la Société de librairie catholique pour fournir la substance d'un volume.

La grande publicité pour elle-même et pour ses œuvres inquiétait Mme Julie Lavergne, non seulement à cause de sa modestie, mais aussi parce qu'elle n'ignorait pas la renommée douteuse de beaucoup de femmes de lettres. Ce sentiment délicat est exprimé dans sa correspondance où nous lisons :

« J'ai une telle crainte d'être confondue avec les femmes qui ne prennent la plume qu'après avoir jeté leur bonnet par-dessus les moulins, que j'ai pris soin de ne paraître en public que parée de ma couronne d'enfants et de petits-enfants, et appuyée au bras d'un patriarche. C'est une sorte d'orgueil qui se déguise en honneur. Plût à Dieu que j'eusse un aussi grand talent que toutes les *bas bleus* réunis ! Cela me donnerait l'autorité nécessaire pour enseigner que la vraie poésie, l'art véritable, sont aux antipodes de toute impureté et de toute révolte. »

Et plus loin elle ajoute :

« Je souhaite avoir du talent et du succès, et

je serai bien humiliée s'il m'est prouvé que je n'ai ni l'un ni l'autre. Mais comme, après tout, je suis chrétienne par la grâce de Dieu, j'en ferai mon profit, et, reprenant ma quenouille et mon chapelet, je filerai pour la rançon de Du Guesclin et je prierai pour ceux qui seront plus dignes que moi de servir la bonne cause par la plume ou par le glaive de la parole[1]. »

Le premier livre de Mme Julie Lavergne eut un titre modeste : *les Neiges d'antan;* il était dédié à Notre-Dame-des-Neiges, et son épigraphe, tirée des poésies de François Villon, en indiquait le plan :

> La royne blanche comme ung lys,
> Qui chantait à voix de sereine ;
> Berthe au grand pied, Biétris, Allys,
> Haremboures qui tint le Mayne,
> Et Jehanne, la bonne Lorraine,
> Qu'Anglois bruslèrent à Rouen !
> Où sont-ilz, Vierge souveraine ?
> Mais où sont les neiges d'antan ?

Il ne m'appartient pas de faire ici la critique littéraire des ouvrages de Mme Julie Lavergne;

---

1. Lettre au comte de Lansade-Jonquières, 21 janvier 1877.

mais deux lettres échangées entre l'auteur des *Neiges d'antan* et l'éloquent apôtre de Genève achèveront de faire connaître les intentions littéraires de Mme Lavergne et donneront, sur la valeur de ses écrits, un jugement autorisé.

« *A Sa Grandeur Mgr Gaspard Mermillod,*
évêque d'Hébron.

« Paris, le 6 avril 1877.

« Monseigneur,

« Vous avez eu la bonté de lire mes *Neiges d'antan*, et votre approbation, s'ajoutant à celle des augustes exilés de Goritz, m'encourage à publier bientôt d'autres volumes, et, surtout, mes *Légendes de Trianon*, mon œuvre de prédilection. En attendant, vous me faites l'honneur de me demander quel but j'avais visé en écrivant ces pages que le vent de la publicité disperse maintenant par le monde, ces feuilles si longtemps captives à mon foyer et que je croyais destinées à rester dans l'heureuse obscurité où j'ai vécu.

« Hélas ! Monseigneur, ma visée fut bien humble, et je pris la plume sans plus songer à faire du bruit dans la ville, que lorsque je chantais, jadis, en berçant mes enfants, et que je chante encore quelquefois, mon petit-fils étant dans mes bras, contente de sentir sa tête blonde s'alourdir et de voir se fermer doucement ses yeux d'azur.

« Distraire, consoler, amener les rêves gracieux, c'est le premier soin que la mère prend de l'âme de son petit enfant. Elle chante, et lorsque l'intelligence de son enfant s'est éveillée, elle lui conte des histoires.

« Que d'histoires j'ai contées autrefois, glanant des fleurs et des épis dans la vallée d'Hébron, dans ces plaines et ces montagnes de la Terre Sainte où Jésus de Nazareth voulut vivre et mourir ; quelles belles guirlandes je tressais pour mes enfants avec les fleurs des saints !

« Les enfants ont grandi et se sont éloignés. Alors, pour la première fois, je connus cet inexorable ennui qui est le fond de l'âme humaine, et je fus tentée de tristesse. Où étaient les berceaux ? Où étaient les visages souriants, cette couronne de la table paternelle ? Et ces veillées joyeuses, ces vacances aux lointaines rives en si jeune et si gracieuse compagnie, ces jours peints dans notre mémoire de couleurs si brillantes et si douces ; où étaient-ils ?

« Ils avaient fui, comme passe toute chose. Ma part de bonheur était pourtant encore mille fois plus grande que je ne le méritais, et, rendant grâce à Dieu, je me disais : « Il ne faut pas pleurer. » Ma fille me l'avait dit en mourant, je savais qu'elle était avec Dieu. Mais elle avait emporté les jours heureux, les vestiges des joies passagères évanouies à jamais.

« Ni l'aiguille ni le pinceau ne pouvaient me distraire. J'eus recours à l'étude que j'avais passionnément aimée en ma jeunesse. Je relus l'histoire. Mais elle m'apparut toute autre que jadis. Le sens intime, le caractère vrai des événements et des personnages historiques, se dégagea pour moi des ombres et des mensonges accumulés par le temps et les hommes. L'étude des documents authentiques, des œuvres d'art du temps passé, et, par-dessus tout, cette seconde vue que donne l'expérience des années et des douleurs me montrèrent, éclatantes de vertus admirables et charmantes, bien des figures méconnues et calomniées. Et, tout ce que j'avais rencontré sur ma route de grâces, de pureté, d'héroïsme ; tout ce que j'avais vu de beau, d'aimable et de charmant m'entoura d'images ravissantes, me berça d'ineffables harmonies.

« Alors pour un bien petit nombre d'amis, j'essayai de fixer ces apparitions, cette sorte d'aurore de minuit qui venait éclairer le soir de ma vie ; et Celui qui donne la lumière et la force m'a fait la grâce de peindre ce que je voyais d'une manière assez vive, pour que mon émotion devînt communicative. Ce que j'écrivis en pleurant ou en souriant fit pleurer, fit sourire, et on crut voir beaucoup d'art là où il n'y avait qu'une très grande simplicité d'expression.

« Ah ! si on savait ce que j'ai vu, ce que j'ai touché, entendu, vénéré en silence, combien mes récits sembleraient imparfaits ! Heureuse avette, j'ai butiné sur d'admirables fleurs, et je n'ai souhaité qu'une chose : laisser dans la ruche de la sainte Mère Église un petit rayon aux cellules correctes et pures. Quand l'abeille a fini son rayon, elle meurt, et il y a tant d'abeilles au monde que personne ne s'en inquiète : mais son miel a été agréable aux en-

MADAME JOHN LAVERGNE

fants ; plus d'une fois, il a fait accepter aux lèvres du malade la coupe amère qui renfermait le remède et la guérison ; et la cire a produit la flamme, cette fleur de feu qui pare l'autel et indique au chrétien la place où repose son Dieu.

« Que le sort des avettes soit le mien, Monseigneur: prenez la cire, prenez le miel, et ne parlez de la bestiole que pour prier Dieu de lui donner des ailes capables de l'emporter au ciel.

« Veuillez agréer, etc.

« Julie LAVERGNE. »

Quelques mois après Mgr Mermillod écrivait la lettre suivante, destinée à paraître en tête du tome second des *Neiges d'antan.* »

Fernex, 22 septembre 1877.
Fête de saint Maurice.

« Madame.

« J'ai lu avec le plus grand charme, vos *Neiges d'antan.* Vous avez trouvé le secret d'allier à des récits simples, qui semblent des réalités vivantes, toute l'émotion des fictions dramatiques. Les faits se déroulent, les caractères se révèlent avec une originalité qui n'exclut pas le naturel:

en vous lisant, l'esprit et le cœur ont de douces jouissances ; l'âme se sent rassérénée, parce qu'elle a vécu dans une atmosphère de lumière, de paix et de force chrétiennes. Vous avez réussi, me semble-t-il, à nous donner des pages dont nul ne contestera la valeur littéraire.

« Nous avons besoin, devant un public religieux qui grandit chaque jour, d'avoir des livres utiles et attrayants : car, il faut, à tout prix, écarter les productions corruptrices, comme aussi certaines publications qui se disent religieuses et qui ne sont que fades et puériles.

« Je sais que vous n'avez livré que vos premiers travaux ; il vous reste dans vos portefeuilles bien des pages que je crois supérieures à celles que vos lecteurs connaissent. Vos succès vous obligent à nous les donner bientôt. Je ne suis pas indiscret en réclamant les *Légendes de Trianon*. Vous l'avez écrit : *Les Légendes sont les fleurs de l'histoire. Elles éclosent à nos yeux lorsque, après avoir étudié les livres, les monuments, les traditions, nous voyons resplendir dans une clarté soudaine, ce qui fut beau, vivant, harmonieux autrefois. Alors le passé se ranime, de même que les caractères tracés avec* une encre invisible apparaissent sur le vélin à l'approche de la flamme; et nous entendons une voix intérieure nous faire un récit. Ce récit coloré, cette parlante apparition, c'est la légende. Elle présente la forme glorieuse des faits et des personnages, et, accentuant le vrai sens de l'histoire, le fixe à jamais dans la mémoire des peuples.

« Le sacrifice et l'art chrétien, sont naturalisés à votre foyer; continuez donc à creuser et à ensemencer ce sillon où naissent des fleurs et mûrissent des fruits pour la sainte Église de Dieu.

« Agréez, madame, avec mes remercîments et mes vœux, l'expression de mes sentiments dévoués en Notre-Seigneur.

« † GASPARD,

« évêque d'Hébron, vicaire apostolique de Genève. »

Malgré cet illustre patronage, la première édition des *Neiges*, eut quelque peine à pénétrer dans le grand public. Il manquait à l'auteur, inconnu jusqu'alors, la réclame des journaux qui éveille l'attention et attire les acheteurs.

« J'aurais pourtant assez aimé la gloire, pour mes chers enfants de papier, écrivait Mme Julie Lavergne ; mais croyez-le bien, je leur dis, tout en les caressant, ce que la mère des Macchabées disait à ses fils, et, de plus, n'ayant pas l'ombre de peine à les mettre au monde, je ne puis m'enorgueillir de leur venue. S'il était expédient pour la gloire de Dieu qu'ils fussent maltraités, je m'y résignerais, avec l'aide de sa grâce, à haute dose. Mais puisqu'au jugement des experts, ils sont pour faire aimer Dieu et l'honneur, je leur souhaite, en toute sûreté de conscience, mille succès, mille triomphes.

« L'encens, je le reporterai à ce *Cœur* divin, d'où procèdent toute lumière et tout amour ; - les critiques, j'en ferai mon affaire, toute imperfection venant de mon propre fond, — et j'effacerai, je retoucherai *usque ad finem*. Du reste, après le charmant plaisir de la composition, rien n'est plus amusant que de lécher le petit ours jusqu'à ce qu'il soit aussi joli que peut l'être un ourson [1]. »

Autant Mme Lavergne avait pris soin de ca-

1. Lettre au R. P. Babaz, 17 septembre 1878.

cher ses écrits dans le cénacle qu'elle aimait, autant, elle désira les répandre au dehors à partir du jour où elle se résolut à les faire imprimer. Toutefois, la qualité des lecteurs lui importait plus que leur nombre et son profond mépris pour le suffrage universel apparaît dans les lignes suivantes :

« Je tiens la majorité pour si sotte, que je me croirais sotte, aussi impertinente qu'elle, si je l'avais pour moi. J'écris pour une minorité dont je désire passionnément le suffrage, la minorité des gens d'esprit. »

Le succès, tel qu'elle le souhaitait, ne tarda pas à se dessiner, et bientôt les *Neiges d'antan* furent célébrées, comme elles méritaient de l'être. Journaux et revues parlèrent de cet ouvrage, et l'écrivain lui-même n'échappa pas à la curiosité.

C'est ici que se place l'aventure comique de certain littérateur, qui, non content de publier des articles enthousiastes sur les *Neiges*, voulut voir la femme qui les avait écrites, et, sous un prétexte assez futile, se présenta rue d'Assas. Laissons, Mme Lavergne nous narrer sa visite.

« Madame est au jardin », lui dit-on. Il y vint,

et trouva *Madame* un arrosoir à la main, cultivant ses fleurs et coiffée d'un bonnet blanc. Il me demanda où était Mme Lavergne. « C'est « moi, monsieur », et je le fis asseoir sous la tente où j'écris l'été, tout en surveillant mes petits-enfants.

« Je ne sais quelle muse ou quelle fée ce pauvre homme avait rêvée ; mais il n'en pouvait croire ses yeux, et j'avais peine à ne pas éclater de rire. Il se mit alors à m'accabler de compliments sur la *Gloire d'Ypres*, sur *Pierre Levieil*, etc.

« Pour y couper court, je lui montrai un beau gros livre que j'avais acheté à Caen. peu de jours auparavant, un livre de 1631 : l'*Histoire générale de Normandie*, par Gabriel Dumoulin, curé de Manneval. Je le savais bibliophile. Il se retrouva d'aplomb et, nous nous sommes séparés très bons amis. Mais il avait perdu son illusion ! »

De temps à autre, et pour faire subir à sa prose l'épreuve d'une première impression, Mme Lavergne faisait paraître ses nouvelles dans trois journaux bien pensants : le *Messager de la Semaine*, alors dirigé par M. Cornudet; le *Journal des Jeunes Personnes* et la *Semaine des Familles*. Tout l'argent que lui rapportaient ces insertions était employé à des œuvres charitables, et elle n'en réservait pas un centime pour son agrément personnel.

Dans le *Journal des Jeunes Personnes*, les exigences amicales et insatiables de la directrice, Mlle Julie Gouraud, firent que pour ne pas montrer trop souvent aux abonnés le nom d'un même auteur, Mme Lavergne adopta deux pseudonymes : *Henry Beaulieu*[1], et *Pauline de Thibert*, en plus de sa signature habituelle *Julie Lavergne*, qui évitait la confusion entre ses écrits et ceux de son mari Claudius Lavergne.

Cet innocent subterfuge occasionna de plaisantes méprises. Entre autres celle d'un critique fort à la mode qui démontra, citations en main, que *Pauline de Thibert* n'avait pas autant de talent qu'Henry de Beaulieu tout en étant très supérieure à Mme Julie Lavergne. N'est-ce pas à faire désespérer d'apprendre jamais la valeur intrinsèque de ce que l'on écrit ?

1. Henry Beaulieu, nom du maître d'hôtel de Mme de Sévigné.

Le volume des *Neiges d'antan* fut, un an plus tard, suivi d'un second qui, sous le même titre, était composé d'une deuxième série de treize nouvelles dont chacune aurait aisément fourni la matière d'un gros roman ; mais nous avons déjà vu que Mme Lavergne détestait les longueurs et que, plus elle retouchait, plus elle abrégeait ses récits.

« Que les moralistes, les spiritualistes, les réalistes analysent, dissertent, disséquent, expliquent, embrouillent, démontrent et concluent, disait-elle, grand bien leur fasse ! Moi, je conte et je crains par-dessus toute chose d'endormir mon auditoire. Le pire défaut pour les contes, c'est d'être long ; les miens en ont d'autres. Mais je veux qu'ils soient courts comme une nuit d'été[1]. »

Les *Nouvelles* contenues dans les *Neiges d'antan* appartiennent à deux genres différents : les unes ayant un fond vrai et mettant en scène des personnages ayant existé ; les autres, toutes d'imagination, présentant, sous le voile transparent de la fable, l'image de la vie réelle ;

1. *Jours de cristal*, p. 45.

toutes ayant d'ailleurs un même but moralisateur et instructif.

Mais l'intérêt supérieur du genre historique attirait surtout le génie de Mme Julie Lavergne, parce qu'elle y trouvait l'utilisation de sa science et de la faculté qu'elle avait de *voir vivant* le passé dont elle étudiait les vestiges.

Afin d'être mieux éclairée sur ses propres aptitudes et avant d'orienter son talent d'une façon définitive, elle soumit ses différents essais à des lettrés qui étaient, pour la plupart, des religieux.

« J'ai, disait-elle, un grand faible pour les appréciations des gens qui lisent le bréviaire. Ceux-là, sept fois le jour, retrempent leur esprit aux sources vives, au feu sacré. Tandis que les gens du monde empâtent le leur au gâchis des journaux et arrivent à ne plus rien entendre à leur langue maternelle, ni à quoi que ce soit de simplement vrai. »

Ces aristarques bénédictins, dominicains et jésuites donnèrent leur avis, et Mme Lavergne résuma leurs opinions dans les passages suivants d'une lettre adressée au R. P. Sicard, des Frères prêcheurs.

« Il y a, de par le monde, une demi-douzaine de personnes qui forment, pour moi, une majorité absolue, un conseil des *dix*, une cour de cassation, enfin un tribunal auquel j'obéirais jusqu'à la potence inclusivement.

« A l'unanimité, cette cour suprême me conseille de suivre plutôt la voie historique, où mon *Mendiant de la Reine* promène sa besace, que la route aérienne où brille le *Clair de lune*.

« On dit, et je n'y contredis point, que l'histoire de France est à refaire. Depuis la réforme : calvinistes, jansénistes, encyclopédistes et matérialistes n'ont cessé de la falsifier, de la salir.

« La génération qui nous a précédés n'a vécu que de mensonges. La littérature romantique n'a préconisé les monuments, les héros de la France qu'en les déguisant sous ses théories et ses guenilles de théâtre. Nos cathédrales ont été dites *protestations républicaines des communes insurgées contre Dieu, le Pape et le Roi*; Jeanne d'Arc a été traitée de « druidesse »; Notre-Dame de Paris, sous la plume endiablée de Victor Hugo, est devenue le piédestal de deux hideuses gargouilles : Claude Frollo et Quasimodo, et ainsi du reste.

« Et la moindre de nos provinces est plus riche en monuments, en productions de sainteté, d'héroïsme et de poésie que ne l'étaient ces highlands, ces lowlands d'Écosse que la plume magique de Walter Scott nous a rendus chers et vivants comme une seconde patrie ; tout protestant qu'il était, il comprit mieux les ruines de son pays que ne l'ont fait les romanciers de France.

« C'est sur les traces de Scott que je voudrais marcher. Mon *Clocher d'Harfleur*, mon *Mendiant de la Reine*, mon *Pierre Levieil* sont des types de ce que je veux faire : ranimer le passé en respectant l'histoire, et ne présenter jamais que le côté noble des choses et des personnes.

« Je voudrais que tout lecteur, en fermant mon livre, se sentît le cœur embrasé pour Dieu et la France ; pour le vrai, pour le beau. Quant au mal, il n'en faut pas parler et je n'en parlerai jamais.

« Priez bien pour moi, mon Révérend Père, afin que j'acquière un talent égal à mes hautes et ambitieuses visées[1]. »

1. Au R. P. Sicard, 8 mars 1877.

Le parti de Mme Lavergne était donc pris en faveur de l'histoire, et les *Légendes de Trianon* furent le premier bouquet de cette *flore* de France qu'elle rêvait de reconstituer.

Cet ouvrage favori dont les *Neiges d'antan* ne furent qu'un « hésitant prélude », était le fruit de nombreuses lectures et de longues années passées à Versailles. Dans ce merveilleux séjour, poétisé par tant de souvenirs gracieux ou tragiques, elle avait recueilli les traditions, les anecdotes curieuses sur les cours de Louis XIII, Louis XIV, Louis XV et Louis XVI. Ces données véritables formèrent le canevas clair et solide sur lequel elle broda ses récits inspirés par l'étude des monuments et la vision des personnages disparus.

L'hommage d'un tel livre devait aller, d'abord, sur la terre d'exil, au noble Prince qui fut le dernier héritier de nos rois légitimes. Le spirituel et chevaleresque comte Henri de Vanssay va nous dire comment Monsieur le Comte de Chambord accueillit et apprécia cet hommage et ce livre :

« J'avais la bonne fortune d'être de service auprès de Monseigneur, lorsque furent apportées à Frohsdorf les *Légendes de Trianon*, ce charmant volume que je vois encore d'ici, avec sa belle reliure de maroquin vert, semée de mille fleurs de lis d'or, et portant, sur sa première page, cette humble dédicace : « A Monsieur le Comte de Chambord, respectueux hommage de sa toute dévouée servante : *Julie Lavergne*. »

« Jugez si pour un prince tel que lui, ayant grandi sous les yeux de la propre fille du roi et de la reine martyrs, un pareil livre devait être le bienvenu. Il le dévora tout d'un trait ; et lorsque le lendemain, de grand matin, selon la coutume, j'entrai dans son cabinet de travail pour savoir quel serait l'emploi de la journée, je le trouvai, le petit livre vert à la main, relisant l'histoire du « Pauvre Jacques », et riant aux éclats des saillies du roi Charles X, alors comte d'Artois, en visite chez sa sœur Mme Élisabeth, dans sa jolie petite maison de Montreuil dont le roi lui avait fait présent.

« Il était émerveillé de la fidélité avec laquelle l'auteur avait saisi le caractère enjoué de son grand-père : « Il me semble que je l'entends, disait-il sans cesse, je suis sûr qu'il a dit tout ça, et qu'il l'a dit comme ça. »

« A partir de ce jour, les *Légendes de Trianon* ne quittèrent plus son cabinet ; il avait défendu de les porter dans la grande bibliothèque du château ; il les plaça lui-même dans le petit meuble en bois de rose, uniquement réservé à ce qu'il appelait les « Œuvres d'élite » qu'on aime à avoir toujours à la portée de la main[1]. »

La première édition des *Légendes de Trianon* était peu digne du texte, au point de vue typographique. L'auteur supportait avec peine cette lésinerie des éditeurs et écrivait à Mme Desaint de Marthille :

« Chère madame,

« Je vous envoie mes *Légendes de Trianon*, mes filles de prédilection. Elles sont bien mal vêtues les pauvres petites. Titre mal fait, papier chiffe, impression misérable. C'est à ne pas oser en faire présent ; aussi, je ne donnerai mes *Stuarts* qu'à l'éditeur qui les imprimera sur papier de Hollande, en caractères elzéviriens[2].

1. Extrait de la lettre de M. le comte de Vanssay, publiée en tête de la réédition posthume des *Légendes de Trianon*.
2. *Stuarts et Bourbons*. Roman historique divisé en trois

« Je me souviens toujours avec bonheur de cette lecture que je vous fis, un jour à Saint-Valery. J'hésitais bien, en ce temps-là, et je voulus faire l'expérience de lire un récit à des personnes encore inconnues la veille et qui ne devaient avoir, pour moi, que de la politesse et non les préventions favorables que donne une vieille amitié. Certaine larme que je vis poindre dans les yeux des deux braves généraux de Marthille et Lichtlin me rassura plus que cent compliments. »

Nous ne pouvons faire ici, le compte rendu des dix-huit volumes que Mme Lavergne publia de 1877 à 1886, ni parler de ses œuvres posthumes parues ou à paraître. Une simple énumération, à la fin de ce livre, indiquera leurs titres.

« Je remercie le bon Dieu, écrivait leur auteur, de m'avoir donné ces enfants de papier qui font si agréablement leur chemin dans le monde. Croiriez-vous qu'on en raffole à la cour de Russie où ils sont allés je ne sais comment.

parties : I. Le chevalier de Trélon. — II. Les Stuarts à Saint-Germain. — III. Charles-Édouard en France. Cet ouvrage n'a pas encore paru en librairie.

« Un de nos bons amis, le R. P. Charmetant, me contait l'autre jour que le *Pastel du roi Louis XIII*, en même temps, qu'il inspirait à la princesse Blanche d'Orléans un joli tableau, distrayait, pendant leur traversée, les missionnaires allant à Zanzibar.

« Du coin de mon feu, j'ai le plaisir de consoler les malades, de distraire les exilés, et de désennuyer les grands personnages. C'est vraiment bien commode[1]. »

Cependant, la valeur même des écrits d'une femme, que l'on croyait sans défense, attira l'attention des pirates de librairie, plagiaires éhontés qui, non contents de traduire en langue étrangère, sans permission, ou de reproduire, tout malhonnêtement, avec d'autres titres, les contes de Mme Julie Lavergne, avaient encore l'audace de substituer leur signature à la sienne.

Las d'être ainsi pillé, l'auteur des *Neiges d'antan* alla frapper à la porte de la puissante *Société des gens de lettres*, afin d'obtenir aide et protection contre les voleurs.

1. Lettre au R. P. Sicard, 22 novembre 1878.

Nous devons à l'obligeance de M. Emmanuel Gonzalès, délégué de cette Société, la communication du rapport fait au Comité d'admission par M. de Gourdon de Genouillac [1], au sujet de la candidature de Mme Lavergne.

« Séance du 19 mai 1882.

« Messieurs,

« Je dois avouer que je croyais tout d'abord, que Mme Lavergne, présentée au Sociétariat par Mmes Zénaïde Fleuriot et Anaïs Ségalas, et dont j'ignorais complètement l'existence, fût au-dessous de la réputation d'écrivain distingué que lui accordaient ses marraines.

« J'ai été agréablement détrompé.

« Mme Julie Lavergne a un talent très complet, et pour vous en donner une preuve, il me suffira de vous citer le passage de la préface de son premier volume de Nouvelles, les *Neiges d'antan*.

« *Un poète du quinzième siècle, François Villon, disait, après avoir énuméré les reines et les héroïnes du temps passé :*

1. M. de Genouillac, mort en 1893, fut vice-président de la Société des gens de lettres.

> Où sont-ilz, Vierge souveraine ?
> Mais où sont les neiges d'antan !

et la parole de ce poète étourdi est devenue l'expression consacrée pour peindre ce qui est oublié, détruit à jamais. En effet, est-il rien qui semble plus anéanti que les neiges de l'année dernière ? Et, pourtant, je défie qui que ce soit, d'ouvrir les yeux, sans en revoir la trace, sans les revoir elles-mêmes, transfigurées et vivantes !

« Fleurs, moissons, nuages, cristal des sources, parfums des campagnes, fraîcheur des brises matinales, grappes vermeilles prêtes à remplir les calices d'or, violettes et roses où butinent les abeilles pour extraire la cire qui se consumera sur l'autel, tout cela est venu des neiges de l'hiver passé, des neiges d'antan, et le linceul qui nous semblait ensevelir la terre était le manteau protecteur des semences, la manne nourricière descendue des cieux.

« Lorsqu'au déclin de l'été de ma vie, j'essayai de fixer ces visions du passé, ces échos des chants de Mozart et de Lulli, ces reflets des peintures d'Hemling et de Lesueur, me complaisant, comme Villon, à évoquer les ombres des reines, des héroïnes, des chrétiennes d'autrefois, *je ne me suis fait aucune illusion sur le peu de valeur, sur l'éphémère durée de semblables ouvrages, et souventes fois, je me demandai : Ne vaudrait-il pas mieux ouvrer ma tapisserie, finir ma quenouillée ou broder les bonnets de mes petits-enfants, que prendre la plume et tracer ce qui rejoindra si vite les neiges d'antan ?* »

« Mes chers confrères, la plume féminine qui trace de semblable prose est certainement des nôtres ; j'ajoute que les deux volumes que j'ai lus sont écrits dans ce style élégant et pur, que Mme Julie Lavergne est une femme d'une honorabilité incontestable et incontestée, et je ne doute pas que vous joigniez vos suffrages aux miens pour ouvrir toutes grandes au candidat les portes de notre Société qui comptera un excellent prosateur de plus parmi ses membres.

« *Signé :* DE GOURDON DE GENOUILLAC. »

En dehors de ses livres, Mme Lavergne eut souvent occasion d'écrire, pour la presse, des articles nécrologiques ou de critique littéraire ; elle fit même insérer en feuilletons dans un grave journal catholique, l'*Univers*, trois ou quatre Nouvelles dont une, intitulée la *Flèche de Caudebec*, eut l'heureuse fortune de sauver de la ruine un monument historique. Ceci, mérite d'être raconté.

Tout le monde connaît, au moins de réputation, la jolie ville, moyen âge, de Caudebec-en-Caux. Couchée sur le bord de la Seine, à mi-chemin entre Rouen et le Havre-de-Grâce, entre les forêts de Brotonne et de Maulévrier, elle est le point choisi par les touristes curieux de voir, à l'époque des grandes marées, passer le mascaret qui remonte le cours du fleuve avec la vitesse d'un cheval au galop. Elle est aussi le centre d'incomparables excursions à l'abbaye de Fontanelle et aux ruines de Jumièges. Enfin, c'est de sa jolie église du quinzième siècle que le bon roi Henri IV disait : « Voici la plus belle chapelle que j'aie jamais vue. »

En effet, Notre-Dame de Caudebec est, avec Saint-Maclou de Rouen, le type le plus parfait du style ogival fleuri de l'époque tertiaire.

Son portail a beaucoup souffert pendant les guerres de religion, et les calvinistes y brisèrent, en 1662, trois cent trente-trois statues. Quant à

la flèche du clocher, construite en pierre tendre
et rongée par le temps, elle menaçait de
s'écrouler et allait être rasée, faute d'argent
pour la refaire, lorsqu'en 1878 Julie Lavergne
vint à Caudebec.

Son premier soin fut d'y visiter l'église et
d'en connaître l'histoire. En faisant ces recherches, elle observa qu'aucun archéologue n'avait
pu découvrir le nom de l'architecte de la flèche
en ruine dont le dessin, remarquable entre
tous, imitait, en dentelle lapidaire, la triple
couronne fleurdelisée de la tiare pontificale.

Le maître qui avait construit le reste du
monument, Guillaume Le Tellier, mort en 1484,
avait sa pierre tombale dans l'église, et l'inscription, très complète et lisible, disait qu'en l'espace de trente années il avait tout inventé, tout
bâti, sauf la flèche. C'était pour Mme Lavergne
une belle occasion d'employer sa seconde vue
du passé à retrouver l'auteur inconnu.

« Depuis bien des années déjà, écrivait-elle
en rentrant à Paris, des savants archéologues,
qui étudient les monuments de notre art national,
ont cherché à découvrir le nom de l'architecte
qui éleva la flèche de Caudebec. MM. Léopold

Delisle, Leroy, l'abbé Cochet, l'abbé Sauvage, et bien d'autres, ont fouillé les archives, interrogé les traditions. Ils n'ont rien trouvé, ils ne trouveront rien. Le double silence du cloître et de la tombe a déjoué toutes les recherches, et c'est aux ruines de l'abbaye de Saint-Wandrille qu'il faut aller demander, non pas un nom que la sainte obéissance a voué à l'oubli, mais l'histoire d'un de ces artistes qui ne travaillaient que pour glorifier et servir Dieu. »

Et, en effet, dans la plus ravissante des Légendes, Mme Julie Lavergne a révélé dans un humble frère jardinier à Saint-Wandrille, autrefois élève de Le Tellier et fiancé de sa fille, le dépositaire fidèle de la pensée de l'artiste et le dessinateur ignoré des plans qui servirent au couronnement de l'édifice.

A l'époque où parut, dans l'*Univers*, cette Légende (septembre 1879), le vénérable curé doyen de Caudebec, M. Andrieu, se demandait où et comment il pourrait bien trouver les 161 000 francs nécessaires à la reconstruction de la flèche de son église. Une voix s'élevant si à propos dans la presse catholique et publiant la nécessité de l'œuvre qu'il brûlait d'entreprendre parut à M. l'abbé Andrieu la voix d'un messager du ciel.

Il accourut chez Mme Lavergne pour lui demander la permission d'insérer sa Légende dans une brochure de propagande, et, muni ou précédé de cette brochure, le pieux et adroit curé normand quêta tant et si bien auprès des fidèles et des pouvoirs publics que, le 15 mai 1883, la plus grosse cloche de son église, suivant un signal convenu, annonçait aux paroissiens que la somme de 161 000 francs était souscrite.

La petite flèche de papier allait, atteignant son but, occasionner la reconstruction d'une merveilleuse flèche de pierre.

Les travaux, aussitôt commencés, durèrent trois ans. On devine avec quel intérêt Mme Julie Lavergne les suivit; mais elle n'eut pas la joie de les voir terminés, car elle mourut trois mois avant leur achèvement, le 16 mars 1886.

Deux ans après, MM. les chanoines Delalonde et Andrieu éditèrent un volume illustré, d'une grande valeur artistique et littéraire, destiné à perpétuer le souvenir de la *Restauration de la flèche de Caudebec*. Ce volume contient, outre sa partie descriptive, technique et officielle, un beau portrait de Mme Lavergne, dessiné par Claudius Lavergne, suivi d'une notice biographique et précédant la réimpression de la triomphante Légende. Enfin seize lettres écrites par Mme Lavergne, terminent dignement ce magnifique ouvrage.

« Cette correspondance, nous dit M. Delalonde, est précieuse à plus d'un titre, car elle révèle, dans l'abandon et la souplesse du style épistolaire, une élévation de pensées, une noblesse de sentiments, une vigueur de traits qui sont le propre des esprits et des écrivains d'élite... La postérité saluera Mme Lavergne comme une descendante de cette lignée illustre d'*épistolières* qui commença avec Mme de Sévigné. Mais, peut-être, ne verra-t-on dans aucune de ses devancières le jaillissement d'esprit catholique et de cœur français qui donne aux lettres de cette bourgeoise modeste un reflet tout particulier.

« C'est une bonne fortune et un doux souvenir pour les cœurs caudebecquais de ne plus pouvoir séparer le nom de Mme Julie Lavergne de l'histoire de leur flèche restaurée; la Légende et les lettres que nous publions seront des perles précieuses ajoutées à la tiare lapidaire qui pare de nouveau Notre-Dame de Caudebec[1]. »

Pendant la période de sa vie en apparence consacrée à la littérature, jamais on ne vit Mme Lavergne travailler à la manière des écrivains ordinaires, c'est-à-dire enfermée plusieurs heures par jour dans une bibliothèque. Elle aimait cependant les longues études silencieuses; mais elle s'en privait afin d'être toujours l'esclave de ses devoirs domestiques.

« Je n'ai jamais une heure à moi, lit-on dans une de ses lettres, et j'écris à la vanvole, dérangée vingt fois, mais retrouvant toujours ma moitié de mot au bout de ma plume.

« Sitôt assise à ma petite table, j'oublie la République, le diable et son train et je pars pour le pays idéal. Il faut en revenir très souvent, hélas! lire les journaux, aller à l'exposition, se mettre à table, etc. Tout cela est bien ennuyeux et ne vaut pas le tête à tête avec l'écritoire.

« Du reste, le bon Dieu fait bien de m'obliger

1. Chanoine Delalonde, *Restauration de la flèche de Caudebec*, p. 70-71.

aux soins du ménage. J'écrirais trop si j'avais seulement trois heures par jour. »

Le soir, en hiver, quand tout son monde était endormi, Mme Lavergne se donnait quelquefois le plaisir d'écrire, sans jamais veiller bien tard, car elle était matinale.

Pendant la belle saison elle emportait, sous la tente de son jardin, de l'encre et du papier; mais elle y recevait de nombreuses visites, et, de plus, ses fonctions de grand'mère contrariaient terriblement ses intentions d'écrivain.

« Je suis gardeuse d'enfants du matin au soir, écrivait-elle en 1880, et ne puis lire une page ni écrire trois mots sans être dérangée par cette petite infanterie bruyante et barbouillée qui tourmente mes poules et ravage mes plates-bandes. Quelques heures de silence me seraient un concert. »

A la campagne, aux bains de mer, elle trouvait les mêmes empêchements.

« J'avais emporté du papier à Saint-Valery-en-Caux; j'aime à écrire au bord de la mer, reculant pied à pied devant le flot, écoutant sa musique et respirant l'air marin. Mais j'avais tant d'enfants autour de moi que je n'ai pas écrit un traître mot, et que mon papier à servi à faire des cerfs-volants. »

Malgré tout cela, c'est, en réalité, sous les arbres de son jardin, à Paris, que Mme Julie Lavergne écrivit la plus grande partie de ses livres; on peut dire qu'elle y travaillait sur un sol privilégié. En effet, elle avait acheté, quand on construisit des maisons rue Férou, toute la terre végétale de l'ancien jardin de Mme de La Fayette et l'avait fait transporter rue d'Assas, afin de posséder chez elle une relique de ce lieu charmant où « toujours mourante, mais toujours aimable et aimée, Madeleine de La Vergne, comtesse de La Fayette, réunissait, parmi les fleurs, Mme de Sévigné, La Rochefoucauld, Mme Scarron et bien d'autres esprits d'élite. »

C'est sur ce terrain consacré par de si précieux souvenirs qu'elle s'installait de préférence pour tracer d'une main rapide ces jolis manuscrits dont le texte était arrêté d'avance dans sa tête. Sa mémoire prodigieuse retenait tout ce qu'elle avait une fois lu, entendu ou regardé, et la dispensait d'aller, à chaque instant, puiser aux sources habituelles de l'érudition.

Grâce à cette extraordinaire facilité de travail

elle poursuivait, en dépit des obstacles, la réalisation de l'œuvre qu'elle avait rêvé d'accomplir. Cet œuvre, commencé trop tard, fut bientôt interrompu par la maladie et la mort ; mais avant de laisser échapper la plume de ses doigts, Mme Julie Lavergne eut le droit et la suprême consolation d'écrire dans son *testament littéraire*.

« Je n'ai à effacer ni à regretter une seule des pages qui composent mes ouvrages. J'y ai fixé sous une forme idéale ce que j'ai connu, en ce monde, de meilleur et de plus aimable : l'expérience est faite, ils ont plu à ceux dont j'ambitionnais le suffrage et je sais qu'ils font du bien. ... Mes *enfants de papier* sont ma plus chère occupation et me distraient seuls de mes peines. Je remercie Dieu de me les avoir donnés, et je le prie qu'ils servent à le faire connaître et aimer. »

Heureux et rares sont les écrivains à qui leur conscience peut rendre un pareil témoignage !

L'auteur des *Neiges d'antan* et des *Légendes de Trianon* donne en ces quelques lignes testamentaires l'exact jugement de ses propres écrits ; elles sont l'écho fidèle de son âme chrétienne et des aspirations élevées qui lui faisaient

atteindre aux régions sereines du beau idéal en
empruntant à la terre ce qu'elle a de charme, de
couleur et d'attraits. Ses livres, précurseurs
d'une prochaine renaissance spiritualiste succédant à la banqueroute philosophique et sociale de cette pitoyable fin de siècle, aideront
la littérature à sortir des bas fonds où l'ont fait
descendre le naturalisme et l'impiété. Ils ne
doivent pas disparaître, et leurs enseignements
seront complétés par la publication des lettres
de Mme Julie Lavergne.

Cette double nécessité est reconnue par un
illustre prélat, gentilhomme dont le nom seul
évoque le souvenir des qualités polies et cheva-
leresques de l'ancienne société française, et
nous ne saurions mieux terminer ce chapitre
qu'en reproduisant l'appréciation définitive de
Monseigneur de Dreux-Brézé :

« Moulins, le 15 juillet 1888.

« Rééditer les œuvres de Madame votre mère,
c'est, mon cher ami, plus qu'un acte de piété
filiale : c'est un hommage à notre vieille et gracieuse langue française, dont elle reproduisait
si heureusement l'incomparable clarté, la naïve

finesse, la simplicité digne, et, à l'occasion, l'enjouement et l'aimable entrain. A son école, les essais des jeunes plumes pourront, dans la variété de cent *Nouvelles*, trouver les modèles parfaits d'une souplesse de diction toujours appropriée au sujet.

« Mais ce qui recommande ces pages mieux encore que la pureté du style, c'est la pureté de la pensée et de son expression. Nulle part elles ne sont effleurées par le moindre des souffles qu'une littérature légère croit, malheureusement, indispensables à relever l'attention du lecteur.

« Tout coule de source, et l'eau est si limpide que le regard s'y plonge à travers sa transparence jusqu'à son lit de verdure, ou s'arrête sur les modestes fleurs épanouies le long de ses rives, sans redouter les éclats de la foudre ou les sombres effets de l'orage. Tant une douce lumière suffit à donner aux tableaux d'attrait et de charme; tant la mise en scène des personnages est à la fois idéale et naturelle!

« Les moralités ne manquent pas non plus, et se font d'autant mieux agréer qu'elles s'insinuent sous le voile du récit lui-même.

« Aucune lecture ne saurait donc offrir de plus charmants et de plus utiles délassements, ni être mieux choisie pour récompenser la jeunesse studieuse de la fatigue de ses travaux.

« Un préjugé, trop souvent injuste, accuse les bons livres d'être fades et ennuyeux; ceux de Mme Lavergne sont à l'abri de ce reproche.

« L'auteur avait eu la satisfaction de savoir qu'ils avaient fait du bien. Ils en feront davantage encore à mesure qu'ils viendront à se répandre. Mais, pour les patronner, que seront mes éloges et mes vœux, après le suffrage de l'éloquent évêque de Genève, juge autrement compétent et autorisé que je ne saurais l'être?

« Il est cependant, mon cher ami, une réclamation qu'il n'avait pu faire, et dans laquelle je suis assuré qu'il ne me refuserait son appui.

« Vous êtes parvenu, m'avez-vous dit, à réunir nombre de lettres de Madame votre mère, précieusement conservées par des amis. Il faut les mettre au jour et renouer avec elles les anciennes traditions d'abandon et de prestesse dans les correspondances de l'intimité. A ce propos, qu'il me soit permis de citer une exclamation de ma bonne vieille mère : « Ma tante,

« disait un de ses neveux, je vous quitte pour
« aller faire une lettre. — Mon cher, s'écria-
« t-elle, on ne fait pas de lettre; on prend du
« papier, une plume, de l'encre, on dit ce que
« l'on a à dire, et c'est fini. »

« Cette définition du style épistolaire prouve
que ma mère en connaissait la recette, et que,
jusqu'à quatre-vingt-dix ans et plus, elle avait
conservé toute la candeur de la jeunesse. En
effet, de mauvaises langues prétendent que,
parfois, sous une plume de femme, loin que tout
soit fini avec la lettre, rien n'est encore commencé, parce que la vraie lettre est le post-
scriptum. Quoi qu'il en soit, post-scriptum ou
lettre, sous peine de fausser le ton qui leur
convient, doit s'écrire au courant de la plume;
ainsi seulement s'y conservent le naturel et
l'originalité.

« Jadis, en dépit de quelques fautes d'orthographe, chacun avait le talent de dire les mêmes
choses en termes différents, et l'écriture, comme
le style, révélait le caractère de la personne. On
écrivait comme on parlait, sans affectation ni
jargon; mais on parlait français. Maintenant,
hélas! il n'est pas rare que, grâce à une magni-

fique calligraphie et à une orthographe irrépro-
chable, on rivalise avec l'écrivain public en
monotonie de formules et en pleins et déliés
pour fixer ses phrases sur le papier. Ne serait-
ce pas que le mécanisme tend de plus en plus à
remplacer partout la vie?

« Il n'en est certainement pas ainsi des correspondances de Madame votre mère, et leur publication apprendra aux plus correctement serinés
à ne plus *faire* de lettres.

« Puisse ma bénédiction obtenir à votre filiale
entreprise tout le succès qu'elle mérite, et
m'obtenir, du haut du ciel, un souvenir de vos
bons parents.

« Tel est le double vœu auquel je joins l'expression de mes sentiments bien affectueux.

« † PIERRE,
« évêque de Moulins. »

X

EXCELSIOR

DERNIÈRES ANNÉES

« Lorsque le vent d'automne enlève aux arbres leurs feuilles teintées d'or bruni, de pourpre et d'aurore, les lignes de l'horizon, la forme des terrains, le dessin des rochers et des branchages, naguère cachés par la verdure, apparaissent dans toute leur précision et leur harmonie. Une vallée profonde et des pentes boisées ne sont jamais plus belles que dans la saison où s'effeuillent leurs ombrages, dans la saison où les brouillards du matin et du soir, contrastant avec l'éclat du midi, font d'autant plus admirer la passagère sérénité du ciel.

« Il en est ainsi dans l'automne de la vie. Les illusions et les espérances ont disparu, et nous laissent voir les sentiers où nous avons passé, tels qu'ils sont, tels qu'ils étaient, en réalité, lorsque voilés sous l'ombre du feuillage et l'abondance des fleurs, ils nous emmenaient

parmi des écueils et des tombes, vers un but
ignoré [1]..... »

À la clarté sereine de ces journées d'automne,
que Mme de Sévigné nommait des *jours de
cristal*, Mme Julie Lavergne avait trouvé, dans
la culture des belles-lettres, un adoucissement
à ses peines et le moyen d'augmenter encore
son action bienfaisante. La santé dont elle jouis-
sait, le repos succédant aux fatigues de l'éducation et au souci des affaires, les joies intimes
d'une famille patriarcale égayée par le sourire
de nombreux petits enfants, semblaient devoir
lui assurer une longue vieillesse féconde en
productions de son charmant esprit ; mais un
événement funeste vint la frapper dans ses plus
chères espérances, et, par suite, dans les sources
vives de son existence.

En effet, au mois de juillet 1883, elle apprit
brusquement la grave maladie de Monsieur le
Comte de Chambord.

Elle était, nous l'avons dit, ardente légiti-
miste ; la restauration de la monarchie tradi-
tionnelle lui paraissait indispensable au salut

1. Julie Lavergne. *Les Jours de cristal.* (Préface.)

de la France et Monsieur le Comte de Chambord personnifiait, à ses yeux, le droit et l'honneur nécessaires au relèvement de notre cher et malheureux pays. Elle croyait à la mission providentielle d'Henri V, et jamais la pensée ne lui était venue que ce Prince pourrait mourir ailleurs que sur le trône de ses ancêtres. Aussi, quand, tout à coup, on lui annonça l'état presque désespéré du Roi, elle en ressentit une émotion si forte qu'elle fut terrassée.

« J'ai passé la moitié du mois de juillet au lit, écrivait-elle à Mme de la Corbinière. Le 1er, en apprenant la maladie de Monsieur le Comte de Chambord, je fus tellement bouleversée que je fus prise de vomissements et de crampes si violentes qu'ils déterminèrent une lésion interne. C'est à peine, si je suis remise ; mais que je suis contente ! Il va mieux notre Roi. Joseph a vu le Dr Vulpian dès son retour de Frohsdorf. Nous sommes remplis d'espoir. Assurément les oracles de la science ne sont pas, pour nous, paroles d'Évangile, mais il y a tant d'autres raisons d'espérer [1]. »

Hélas ! après deux mois d'angoisses pendant

1. 5 août 1883.

lesquels toute la France catholique et légiti-
miste implorait le ciel, le 24 août 1883, dans la
matinée, la dépêche officielle annonçant la mort
de Monsieur le Comte de Chambord parvint à
M. le marquis de Dreux-Brézé.

Dès qu'elle en eut connaissance, une heure
après, Mme Lavergne écrivit l'admirable lettre
que voici :

« Bagneux, 24 août 1883.

« Mon cher Joseph,

« C'en est donc fait, et la justice de Dieu a
enlevé à la France coupable ce qu'Il lui avait
donné par une sorte de miracle, gardé, montré,
offert tant de fois : un Prince semblable à saint
Louis, un sauveur.

« Cette mort, me semble être la mort même
de notre malheureuse patrie ; c'est avec des
larmes de sang qu'il la faudrait pleurer.

« S'il est une consolation pour moi, à la profonde douleur que j'en ressens, c'est d'avoir offert mon fils de prédilection au service du noble
exilé! Bien loin de le regretter, je ne souhaite
que de te voir rester fidèle à sa mémoire et ne
rien faire, pendant toute ta vie, qu'il n'ait
approuvé.

« *J'ai aimé la justice et haï l'iniquité, et c'est pourquoi je meurs en exil*, disait un grand pape mourant. Notre Roi l'a pu dire aussi. Il meurt aussi pur que les lis, et nous ne les verrons plus. Espérances, prophéties, prières, tout a été vain, tout est brisé. Il faut que notre malheureuse France ait comblé la mesure des crimes pour se voir enlever ce dernier espoir.....

« Adieu et courage. Mais surtout ne nous arrêtons pas à des regrets personnels. En servant une bonne cause, quelle que soit l'issue du combat, on a toujours choisi la meilleure part, et je t'aimerais mieux mort pour saint Louis que vainqueur avec ceux que Joinville appelait *la chiennaille*.

« Ta mère,

« Julie LAVERGNE. »

L'immense retentissement de la mort de Monsieur le Comte de Chambord et l'unanimité des louanges données au plus noble Prince qui fut jamais ne suffirent pas à consoler et à guérir Mme Lavergne.

Frappée dans son amour pour la France

par ce qu'elle considérait comme une irréparable calamité publique, on peut dire qu'elle mourut en sublime patriote d'une blessure faite à son pays.

Ses souffrances durèrent trois ans ; elles mirent son corps à la torture, mais n'arrivèrent pas à briser l'énergie de son âme qui, dominant toutes les épreuves physiques et morales, poursuivait une marche ascendante vers les récompenses éternelles : *Excelsior ;* toujours plus haut !

Au début de cette dernière maladie, elle écrivait à M. Brianchon, l'archéologue de Caudebec, en réponse aux questions qu'il lui adressait au sujet de sa santé :

« Je suis une vieille patraque qui se détraque, et, si les gens se réédifiaient comme les flèches d'église, il y aurait à faire par ici pour les architectes. Le médecin s'escrime à me faire boire des choses étranges, du phosphate de Lachésis, je crois (heureusement à dose infinitésimale) ; il me défend de sortir et de parler, mais comme il me permet de lire et d'écrire, je suis charmée de pantoufler et ne cours point fortune de m'ennuyer. »

Et, quelques mois après, elle disait encore au même correspondant :

« Je vous écris au lit et plus couchée qu'assise ; cela ne se voit que trop, mais je vais mieux tout de même, et je me lève tous les jours pendant quelques heures. J'ai repris ma plume ; c'est bon signe, car je suis une bête à plume, et, quand je suis réduite à tricoter, j'ai l'air aussi désorientée que mes poules au temps de la mue[1]. »

C'était pour dire publiquement adieu à un ami littéraire, le très excellent et spirituel P. Babaz, jésuite, professeur de philosophie au collège de Mongré, qu'elle s'était remise à écrire, et l'article nécrologique qu'elle lui consacra fut le point de départ d'un de ses plus intéressants ouvrages.

« Ce bon P. Babaz, nous dit-elle, dont l'amitié, les conseils et les exemples me furent si précieux, me fait encore grand bien après sa mort. Malade depuis le 1ᵉʳ juillet, j'avais eu, au commencement d'octobre, une rechute si grave, que je restai six semaines au lit ne pou-

1. 19 décembre 1883.

vant plus rien faire que des chaussons d'enfant et de la dentelle au crochet. Je me sentais bien malade ; mais, ne voulant pas mourir sans payer ma dette à la chère mémoire du P. Babaz, je rassemblai sur lui assez de pages pour faire deux feuilletons de l'*Univers*. Ils parurent les 27 et 28 novembre. A peine publiés, je reçus tant de félicitations, de détails et de documents nouveaux, que j'ai formé la plaquette que vous avez reçue. Mon mari et mes fils allèrent donner des ordres à l'imprimerie, en sorte que ma plaquette est éditée comme si c'était un chef-d'œuvre. Elle en contient plusieurs, à vrai dire ; car le récit des abeilles, les lettres du P. Babaz et de Louis Veuillot, et le passage de saint François de Sales, sont de vraies perles littéraires.

« On me fait mille compliments, et j'en jouis comme ce brave homme, gardien d'une galerie de tableaux, qui disait à tous ceux qu'il voyait extasiés devant les Raphaël, les Van-Dick et les Ribeira : « C'est pourtant moi qui les ai tous accrochés[1]. »

Peu de temps après, Mme Julie Lavergne

1. 26 décembre 1893. A Mme de la Corbinière.

obtint du général des Jésuites l'autorisation de réimprimer deux opuscules du P. Babaz : le *Vol des araignées* et la *Cave des Apiculteurs*, petits chefs-d'œuvre disparus qui méritaient la célébrité.

L'incroyable succès de la plaquette avait enflammé l'éditeur, et l'auteur eut la satisfaction de corriger les épreuves d'un joli volume en caractères elzéviriens en tête duquel figurait la *notice* parue dans l'*Univers*[1].

La santé de Mme Lavergne continuait à donner de grandes inquiétudes ; c'était à qui viendrait la voir et lui proposerait des remèdes. A l'une de ses amies qui lui conseillait l'usage des vins réconfortants, elle répondait, en décembre 1883 :

« Ah ! vous m'avez bien fait rire avec votre vin vieux, chère dame ! Il y a trois mois que je n'en ai bu une goutte. L'odeur seule me mettrait en fuite. L'eau sucrée est trop lourde pour mon estomac. Je ne bois que du lait, je ne mange que des œufs de mes poules et de la gelée, et je suis si impotente que, depuis trois mois, je ne suis

1. Cet ouvrage n'existe plus en librairie.

sortie. Mais, grâce à Dieu j'ai les yeux bons, la tête libre, et je suis si contente de n'être point garde-malade et d'être entourée, chérie et dorlotée comme je le suis que je trouve l'état de malade le plus agréable du monde. J'ai pris l'habitude d'écrire sur un plan presque vertical et à demi-couchée sur le dos.

« Le docteur n'a pas voulu me dire ce que j'avais ; du reste, ça m'est bien égal. Je ne crains que la mort subite et je n'en suis point menacée.

« Quant à vivre de lait, c'est charmant. Rien de plus commode. Ce serait encore plus joli de vivre de l'air du temps.

« Cependant je vais mieux, et, lorsque vous viendrez, j'espère vous recevoir debout, et non pas couchée à plat comme je l'étais lorsque la toute bonne et charmante princesse Blanche d'Orléans vint me surprendre, il y a trois semaines. »

Malgré les soins les plus assidus et la force morale de la malade, son état empirait tous les jours. Au mois de juillet 1884 elle dut subir une première opération supportée avec beaucoup de calme et même de gaieté française.

« Mon mari a beaucoup plus souffert que moi, écrivait-elle en la racontant ; il ne m'a pas quitté d'une semelle : c'est notre usage[1]. »

Le tableau de la vie de Mme Lavergne, à cette époque, est exactement peint par elle-même dans une page adressée à M. Brianchon :

« Plus immobilisée que jamais, je fais des progrès à l'envers, et ne puis plus descendre l'escalier que portée par mes fils. Je vis sous la tente, où l'on m'apporte mes repas, fort légers, et où les visites ne manquent pas, ni les fleurs, ni les pigeons et petits oiseaux qui m'entourent dès que la compagnie s'éloigne. Jamais malade ne fut mieux soignée, plus entourée, plus dorlotée. Et pourtant cette sotte malade s'attriste quelquefois, et, en recevant les adieux des amis qui s'en vont de Paris, rêve au plaisir qu'elle aurait à respirer l'air marin, à revoir la *Barre* à Caudebec, de cette auberge du bord de l'eau où elle eut la vision du frère Simplicien. Sotte malade ! Il faut l'être où Dieu veut, tant qu'il veut, comme il veut ; autrement on perd ses

1. Lettre à M. le comte de Lansade-Jonquières, 11 juillet 1884.

peines et on jette au vent cette précieuse monnaie des souffrances, qui seule achète le Ciel[1]. »

L'opération chirurgicale, bien réussie d'ailleurs comme toutes les opérations de ce genre, eut, de plus, l'avantage de rendre la patiente momentanément transportable. On en profita pour la conduire à Versailles.

Revoir ces lieux aimés, où s'étaient passés les plus beaux jours de sa jeunesse, fut pour Julie Lavergne un suprême bonheur dont l'expression très vive apparaît dans la lettre suivante :

« Vous me donnez à traiter un bien vilain chapitre en me demandant de vous parler de moi. Imaginez une lourde et déformée créature qui marche à peine cent pas de suite et que l'on traîne dans un fauteuil roulant ou dans quelqu'une de ces vieilles calèches, attelées de chevaux efflanqués, qui abondent à Versailles.

« Monter au premier étage est un *opéra* pour cette pauvre infirme, et elle ne peut espérer revoir, cette année, les hautes galeries du château, où sont rangés les anciens portraits qu'elle aime tant. Mais elle aurait mauvaise grâce à se

---

1. Lettre à M. Brianchon, 5 juillet 1884.

plaindre. Ce sont ses fils qui la traînent, son mari qui la soutient, ses petits-enfants qui viennent s'asseoir à ses pieds, tour à tour, dans ce petit équipage. Cela n'est-il pas bien meilleur que d'avoir de bonnes jambes ?

« Je n'espérais pas retourner à Versailles et voilà que j'y suis depuis six semaines, et que j'ai revu le parc, Trianon, une partie de ces bois charmants où, jeune fille et jeune femme, je fus (et j'en convenais) la plus heureuse personne du monde.

« A présent j'ai trop vu mourir pour être joyeuse comme autrefois ; mais Dieu m'a fait la grâce d'aimer, comme à quinze ans, la beauté de ses œuvres, et je ne saurais vous dire avec quelle joie j'ai retrouvé les champs, les bois et les verts horizons de mon cher Versailles[1]. »

Quelques jours après avoir écrit ces lignes, Mme Lavergne fut obligée de se rapprocher de ses médecins habituels. Mais avant de quitter Versailles elle voulut, royaliste fidèle, aller rue Saint-Louis, n° 5, chez le comte Henri de Vanssay, dans un but qu'elle explique en sa lettre du 18 septembre 1884.

1. A Mme de la Corbinière, 5 juillet 1884.

« L'un des meilleurs souvenirs que j'aie rapportés de Versailles est notre pèlerinage au logis où Monsieur le Comte de Chambord passa treize jours, en 1873, et subit l'amertume du refus de Mac-Mahon. M. et Mme de Vanssay nous ont montré sa chambre et l'oratoire où notre cher P. Savinien venait chaque jour lui dire la messe, et leurs récits, et la parfaite cordialité avec laquelle ils nous ont reçus étaient pour rendre notre émotion bien profonde.

« Nous avons supplié M. le Comte Henri de Vanssay d'écrire les détails de ce voyage du Prince, de son séjour à Bruges, etc., qu'il raconte si parfaitement, non pour publier cela maintenant, à Dieu ne plaise! mais pour conserver à l'histoire un document précieux et que lui seul peut formuler. J'espère qu'il le fera[1]. Lui et Mme de Vanssay sont deux types admi-

1. M. le comte H. de Vanssay, surpris par la mort en 1894, n'a pas pu laisser de *Mémoires*, mais les douloureux événements de 1873 ont trouvé leur véridique récit dans les *Notes et Souvenirs* de M. le marquis de Dreux-Brézé, représentant officiel de M. le comte de Chambord, en France, à cette époque. (Paris, librairie académique, 1895.)

rables de bonté, de loyale fermeté, de distinction et de simplicité. Ils n'ont pas d'enfants ; avec le Roi sont mortes toutes leurs espérances[1]. »

Après cette pieuse démarche, Mme Lavergne dit adieu pour toujours à Versailles et revint à Paris où l'attendait une seconde opération qui produisit un soulagement et lui permit de se réjouir et de faire encore de beaux projets.

« Très bon et cher monsieur, écrivait-elle à M. Brianchon, je suis guérie bien qu'il n'y paraisse pas, et les gens n'y veulent point croire. Je me sens ressusciter et je les appelle tous paroissiens de saint Thomas l'incrédule ; et j'en suis contente : que voulez-vous ? Cette grand'mère de douze petits-enfants, cette femme qui a tant d'amis et en reçoit de si cordiales amitiés, cette femme aime la vie et se surprend à dire, bien souvent, comme la captive d'André Chénier : *Je ne veux pas mourir encore*, tout en dominant cela par l'abandon à la volonté adorable de Dieu. Enfin mon confesseur me le permet, et je demande à vivre encore, et je sens que je reviens à flot.

« Le 1ᵉʳ mai j'irai à Chartres, en fort bonne

1. Lettre à M. le comte de Lansade-Jonquières.

compagnie et y passerai quelques jours. Puis, on me *rapportera* ici, je m'y tranquilliserai quelques semaines, et mon cher mari, Joseph et la sœur qui ne me quittent pas, m'emporteront, devinez où ? Dès le commencement de juillet à Caudebec !! Dans cette grande auberge de l'*Aigle d'or* où j'ai passé, en 1878, un temps bien court, mais qui fut pour moi, un acompte du ciel. Là, je prendrai des forces, on me traînera à Jumièges, à Barre-y-va, à Saint-Wandrille, et je serai en état, non pas de monter à la flèche le jour de Notre-Dame-des-Neiges, mais d'aller à l'église et de recevoir vos visites à l'*Aigle*, amis très chers. On viendra aussi me voir de Paris, et, après la fête, je m'en irai finir la saison à Saint-Valery-en-Caux, où, par une maternelle attention de la Providence, on posera, cet été, des vitraux de chez nous.

« Tel est mon plan de campagne vu et approuvé par mon commandeur de mari, mon dragon de fils et mon docteur [1]. »

Ce désir d'aller à Caudebec, tenait au cœur de Mme Julie Lavergne qui, chaque mois, re-

1. Lettre du 26 février 1885.

cevait une nouvelle photographie des travaux
de reconstruction de la flèche, et, dès qu'elle
eut fait entrevoir la possibilité de ce voyage, le
vénérable abbé Andrieu lui écrivit pour l'inviter à descendre dans son presbytère. Il reçut
la réponse gracieuse et digne que voici :

« Monsieur le Doyen,

« Votre lettre m'a comblée de joie; j'accepte
votre offre d'être mon aumônier et vous en remercie comme d'une chose que je souhaitais de
tout mon cœur. Merci, mille fois, d'avoir pensé
à nous offrir l'hospitalité au presbytère; mais,
eût-il été grand comme le Vatican, je ne l'eusse
pas acceptée. La place d'une infirme et d'une
femme est chez elle, et j'ai toujours souhaité
mériter l'épitaphe de la matrone romaine :
Domum mansit.

« J'aurai, à l'*Aigle d'or*, ce qu'il me faut pour
ma chétive personne, et pour ma maison civile
et militaire, et j'y pourrai recevoir ou me cacher
sans gêner personne [1]..... »

Sur ces entrefaites, une crise survint qui

1. Lettre du 14 mars 1885.

faillit emporter la malade. Mme Julie Lavergne demanda et reçut, une première fois, l'extrème-onction. Elle répondit fort tranquillement aux prières des agonisants et attendit les yeux fixés sur son crucifix. Mais la mort s'éloigna la laissant tout à fait infirme et sans espoir de guérison.

Ses journées se passèrent alors à prier Dieu, à faire des petits vêtements pour les pauvres, et à donner audience, dans la mesure de ses forces, à tous ceux qu'elle aimait. Son plus grand plaisir était de caresser ses petits-enfants, qui la réclamaient avec un empressement dont elle nous a révélé le secret :

« Rose de Noël[1], ma belle-fille, vient de venir avec Germaine et Pauline plus gentilles que jamais. Elles font fête à mère-grand, comme si mère-grand avait une figure agréable. Cela me rappelle le temps de ma jeunesse où tous les petits enfants me tendaient les bras. J'étais jolie alors, je suis laide à présent ; mais il y a toujours *l'électricité sympathique*, et ces chers innocents voient que je les aime[2]. »

1. Mme Noël Lavergne, née Rondelet.
2. Lettre du 27 octobre 1885.

Pendant les longues nuits d'insomnie où les
souffrances sont plus aiguës et l'âme plus expo-
sée au découragement, alors qu'aucune distrac-
tion matérielle n'est possible, Mme Julie Lavergne occupait son esprit en versifiant, afin
d'écarter les noirs fantômes et de ne pas penser
à son mal.

Quelques-unes de ces poésies crayonnées le
matin au dos d'une ordonnance médicale, ou
sur une enveloppe déchirée, ont échappé aux
rangements des bonnes sœurs gardes-malades,
qui ne se doutaient pas, en jetant au feu ces
papiers informes, qu'elles brûlaient peut-être
des bijoux littéraires, tel ce huitain intitulé :

LE SOIR.

Le jour a disparu, la nuit étend ses voiles,
Et, dans le sombre azur, s'allument les étoiles.
Doux frère de la mort, sommeil, présent des cieux,
Viens calmer nos douleurs et reposer nos yeux,
Amène-nous le rêve, écho de la jeunesse :
Le rêve qui nous rend, et la joie, et l'espoir,
Ranime le passé, doucement nous caresse.....
Doux frère de la mort, viens, sommeil, c'est le soir !

Dès qu'un léger répit le lui permettait, Julie

Lavergne reprenait sa plume, non pour écrire
de nouveaux ouvrages, mais pour retoucher
ceux qu'elle avait créés.

« Tout infirme et à moitié morte que je suis,
disait-elle, je tiens et tiendrai jusqu'au dernier
soupir à perfectionner « mes enfants de papier ». Les malveillants diront : C'est amour-
propre ; mais je n'accepterai pas ce reproche.
C'est amour maternel. Quant au reste : *Non
nobis, Domine*[1]. »

Arrivée à cette heure où il faut « quitter le
long espoir et les vastes pensées », elle avait dû
renoncer à deux de ses plus chers désirs : devenir l'historiographe d'une sainte et composer
un livre sur les fleurs.

Les fleurs, dont elle aimait à s'entourer et
qu'elle savait trouver partout, lui avaient ins-
piré des pages, dispersées çà et là, tout impré-
gnées de leurs parfums et brillantes de leurs
suaves couleurs ; mais elle rêvait d'en faire un
bouquet, une gerbe immortelle.

« S'il m'est donné de vivre encore quelques
années, lit-on dans les *Chroniques de Mont-*

1. Lettre à M. Brianchon, 28 novembre 1885.

briant, je ferai un livre sur les fleurs, dédié à
Celui qui a dit : *Je suis la fleur des champs et
le lis des vallées*. J'y assemblerai tous les passages de l'Écriture sainte où il est question des
fleurs, et tous les traits de la vie des saints où
les fleurs sont mêlées. J'en connais beaucoup,
j'en ignore bien davantage, et il faudrait de
longs jours pour les recueillir et tresser cette
guirlande. Les fleurs parlent aux saints des
grandeurs et des bontés de Dieu. Saint Paul de
la Croix leur disait, en les touchant de son
bâton : « Taisez-vous ! laissez-moi, à mon tour,
chanter les louanges de Dieu [1]. »

Quant à écrire la vie d'une sainte, l'existence
religieuse et la mort de sœur Marie Stella première avaient fourni à Mme Lavergne le sujet
qu'elle cherchait, mais l'incurable blessure de
son cœur maternel ne lui laissa pas la force
d'aller jusqu'au bout de son récit, et le manuscrit resta inachevé ; il commençait par ces
mots :

« Souvent, en lisant la *Vie des saints*, j'en-
viais le bonheur de leurs historiens, diligentes

1. *Chroniques de Montbriant*, p. 262.

abeilles qui recueillent le miel de ces fleurs merveilleuses données à la terre pour consoler notre exil; et je formais le souhait d'écrire un jour la vie d'une sainte.

« Toute grâce doit être chèrement achetée. Celle-ci m'est offerte; mais à quel prix, mon Dieu!..... »

Pendant toute l'année 1885, Mme Julie Lavergne supporta des maux incroyables sans se plaindre et sans que le style de sa correspondance indiquât un affaiblissement de la bravoure habituelle et de la gaieté de son caractère. La citation d'une seule de ses lettres, écrite au plus fort de la souffrance, est la moindre preuve que l'on puisse donner de cette affirmation.

« Paris, ce 10 novembre 1885.

« Mon cher Joseph,

« J'ai reçu ta bonne lettre, ce matin, à l'heure réglementaire, et j'en suis bien heureuse. Je la sentais venir et ma nuit avait été meilleure que l'autre où j'avais rudement souffert et dormi fort peu.

« Hier a été un beau jour. Comme il est

d'usage le 9 novembre[1], depuis quarante ans, j'ai fait la sainte communion, et, cette fois, cinq de mes chers petits-enfants m'entouraient, bien sages et joyeux. J'ai prié pour toi de mon mieux, cela va sans dire.

« Donc, mon dragon, dragonne en paix, et fais provision de bon air, de bonne mine et de gaieté, trois choses fort souhaitables, et utiles entre toutes.

« Le beau soleil d'aujourd'hui m'a bien réjouie pour toi, et je te voyais galopant sur « Ophélie », dans cette *Gallia belsia*, dont l'horizon rappelle celui de l'Océan, et les ondulations de ses blés, l'incessant mouvement des flots.....

« A bientôt, dragon très chéri ; je t'envoie des couplets sur l'air de *Tonton, tontaine, tonton*. Je souffrais bien quand je les ai faits ; mais vive la gaieté française, qu'on soit à pied, à cheval ou au lit. — « Je ne veux point obéir à « Dieu en rechignant comme une servante mal « payée. » C'est sainte Thérèse qui disait cela, et elle disait bien. »

---

1. Jour anniversaire de son mariage.

Quand l'âme est sur le point de quitter sa prison terrestre, les souvenirs d'enfance reviennent à la mémoire avec une étonnante précision. Mme Lavergne éprouva ce phénomène, et, pendant les dernières semaines de sa vie, raconta ou écrivit tous les détails de sa jeunesse. C'est ainsi que l'on trouve dans une de ses lettres, datée du 23 décembre 1885, le récit de la naissance de son petit frère, événement qui remontait à plus de cinquante ans en arrière et auquel elle avait assisté à l'âge de six ans.

« Cher Lucien et chère Louisa,

« Je n'entreprends pas de vous exprimer la centième partie de mes remerciements. Bien que j'aille merveilleusement mieux, il m'est défendu d'en écrire long. C'est donc bien vite que je vous envoie mes souhaits pour Noël, le vrai premier de l'an des chrétiens.

« Combien les souvenirs d'enfance restent vifs dans nos cœurs! Je me souviens, comme si c'était hier, de la naissance de Lucien, le 25 décembre 1829.

« Bonne-maman Ozaneaux nous avait emmenées, Clotilde et moi, dîner et coucher, le 24, chez notre tante. au Palais-Royal. Le 25, par un temps clair et un froid terrible, elle nous ramena rue Sainte-Catherine-d'Enfer. Je me souviens fort bien de l'aspect de la Seine, couverte de patineurs, et que des chevaux ferrés à glace traversaient, attelés à des traineaux.

« A la maison, tout était joyeux. Notre mère, dans un grand lit à baldaquin et une chambre ornée d'une tapisserie rococo à personnages grands comme nature, notre mère rayonnait de joie. Près d'elle, dans un joli berceau, dormait un petit frère bien attendu, bien désiré. Je fus d'abord étonnée de le voir si petit, mais on m'assura qu'il grandirait vite, et les boites à cerises confites qu'il nous apportait, à Clotilde et à moi, témoignaient de sa bonne volonté pour nous. Aussi nous lui fimes grande fête, comme à un vrai présent de Dieu. Quelques mois après je me souviens très bien que, lorsqu'il pleurait, en faisant ses dents, Clotilde et moi nous pleurions encore plus fort que lui, si bien que maman ne savait à qui entendre.

« Cher frère et chère sœur, j'ai appris avec grande joie les espérances du jeune ménage Outhier. Vous verrez comme on aime ses petits-enfants. C'est pire que les grands. Si j'avais vécu assez pour voir mes arrière-petits-enfants, nul doute que je serais tombée dans l'idolâtrie ! »

Le mieux qui avait permis à Mme Lavergne d'écrire cette lettre ne devait pas se prolonger au delà des premiers jours de l'année 1886.

Dès le 15 janvier, des crises terribles et rapprochées firent que l'existence de la malade ressemblait à une agonie sans fin et à peine entrecoupée de repos très courts. Pendant ces derniers, elle travaillait encore à de menus ouvrages pour les pauvres, et même elle trouva moyen de jeter, un jour du mois de février, sur l'envers d'un billet de faire part, une poésie curieuse par l'originalité de sa forme et surtout intéressante parce qu'elle résume toute la philosophie chrétienne de son auteur :

Entre languir, ou guérir ou mourir,
S'il me fallait opter, je perdrais le dormir,
    A réfléchir.
Tous les trois ont du bon ; qui sait si l'avenir
Ne me réserve point tel chagrin que mourir
Me vaudrait bien mieux que guérir ?
On peut gagner le ciel en se laissant languir,
Sans révolte et sans cris : il ne faut qu'obéir.
Vous choisirez pour moi, mon Dieu, je veux subir

> D'un cœur soumis l'arrêt de vivre ou de mourir ;
> Comme un petit enfant dans vos bras m'endormir
> Sans rien craindre et sans rien choisir.

Cet abandon parfait aux volontés providentielles, après avoir été la force de Mme Lavergne au milieu des épreuves de la vie, devait lui assurer une tranquillité singulière en face de la mort. Elle la vit venir sans surprise, sans la craindre ni l'inviter à se hâter, et, le 16 mars 1886, elle rendit pieusement son âme à Dieu, après avoir dit au revoir à son mari et à ses enfants.

Les funérailles, qu'elle avait voulues modestes dans leur appareil, réunirent la foule de ceux qui l'ayant connue ne pouvaient que l'aimer, l'admirer et la pleurer. Son cercueil fut inhumé à Versailles, au cimetière Saint-Louis, dans ces bois Satory jadis témoins de ses ébats de jeune fille et de ses plus douces joies maternelles. Enfin on grava sur sa tombe l'épitaphe qu'elle avait ambitionnée : *Domum mansit*, elle resta chez elle. — La mère de famille, l'ange gardien de la maison, disparue, c'est la fibule du collier, c'est le centre des affections, c'est la joie du logis qui s'en va...

Le mari si digne de cette femme supérieure,
Claudius Lavergne, que son art ne parvint pas
à consoler, mourut quelques mois après elle et
repose à ses côtés, en attendant la réunion
promise pour l'éternité, dans le beau pays du
ciel, où il n'y aura pas d'hivers, ni de séparations.

ÉPITAPHE

COMPOSÉE POUR

MADAME JULIE LAVERGNE

TEXTE LATIN

ET TRADUCTION FRANÇAISE
DE
M. L'ABBÉ PAUL BOYER

AUMÔNIER MILITAIRE

CHAPELAIN DU MONASTÈRE DE SAINTE-CROIX

DE POITIERS

CINERIBVS

MEMORIAE·LAVDI

PIAE·AC·GENEROSAE·MATRONAE

CAECILIAE·IOSEPHINAE·IVLIAE

OZANEAVX-LAVERGNE

QVAE

DVM·INDOLIS·AMOENITATE

FLORERET

STYLI·PRAESTANTIA

NARRANDI·ACIE·ET·LEPORE

LEGENTIBVS·LATE·CLARVIT

CVIVS·MENS·DEVOTA·DEO·VIRO·GRATA

LIBERIS·AMICIS·EGENIS

IMPENSA

OMNIBVS·OBLITA·SVI·PROFVIT

CVI·ANIMVS·FORTIS·INSERTVS

SVMMO·REI·CIVILIS·INSTANTE·DISCRIMINE

AVDACIAM·ET·VIM

IN·PROPRIAE·DOMVS·RVENTIVM·LIMINA

IMPAVIDVS·FREGIT·RETVDIT

MARTEM·PRO·BONO·PVBLICO·DIMICANTVM

NISV·QVO·VALVIT·ADIVVIT

VIAS·NON·PIGRAS
VNA·CVM·SVIS·AMBVLANS
DE·LITTERIS·ARTIBVS·FASTISQ·PATRIIS
BENE·MERVIT
NEC·DE·CAVSSA·MINVS
NEC·DE·STIRPE·REGVM·GENTIS·SVAE
QVORVM·ILLI·PRISCVS·HONOS
ALTO·ERAT·CORDI
ET·PARTES
FIDEI·IVRISVE·TENAX
AD·EXTREMVM·VSQVE·VALE
SECVTA·EST
DONEC·LVTETIAE
DEPOSITA·CARNIS·TRABEA
A·XRISTO·IVDICE
QVEM·TREMVIT·AEQVE·AC·DILEXIT
HAVD·PAVCIS·IN·GALLIA·NOSTRA·FLEBILIS
COELITVS·EVOCARETVR
XVII·KALENDAS·APRILES
ANNO·SALVTIS·MDCCCLXXXVI
AETATIS·SVAE·LXIII

IN·TE·DOMINE·SPERAVI
NON·CONFVNDAR·IN·AETERNVM

A LA MÉMOIRE ET LOUANGE DE PIEUSE

ET GÉNÉREUSE DAME

CÉCILE-JOSÉPHINE
JULIE OZANEAUX-LAVERGNE

———

Par les charmes de son esprit et de son caractère, qui déjà la rendaient célèbre, mais surtout par le prestige et la supériorité de son style, par la finesse et la grâce de son talent de narratrice, elle jeta un véritable éclat dans la sphère très étendue de ses lecteurs.

Ame dévouée à Dieu, épouse chérie de son époux, mère se dépensant elle-même pour ses enfants, ses amis et les pauvres, au prix de l'oubli de soi, elle se rendit utile à tous.

Douée d'un cœur fortement trempé, elle tint tête avec intrépidité dans les plus mauvais jours de la guerre civile, à une horde de bandits assaillant à main armée sa propre demeure; elle brisa leur audace, refoula leur violence, favorisa de tout son pouvoir les soldats qui combattaient pour l'ordre et pour le bien public.

Marchant avec tous les siens dans les sentiers d'une vie laborieuse, après avoir bien mérité des beaux-arts,

des lettres françaises et de l'histoire nationale, elle
mérita non moins bien de la cause monarchique et de
la dynastie légitime de nos Rois, dont les vieilles gloi-
res lui étaient si chères, qu'elle demeura fidèle au parti
et aux droits de ses Princes jusqu'à son dernier soupir.

A Paris, enfin, où elle abandonna sa dépouille mor-
telle, l'appel suprême du Christ, de qui la crainte et
l'amour marchaient de pair en son cœur, se fit entendre
à elle; et, regrettée des amis sans nombre qu'elle s'était
conquis sur la terre de France, elle comparut devant
son juge au ciel le 16 mars 1886, à l'âge de soixante-
trois ans.

Seigneur, j'ai espéré en vous ;
Je ne serai pas confondue devant votre face à jamais.

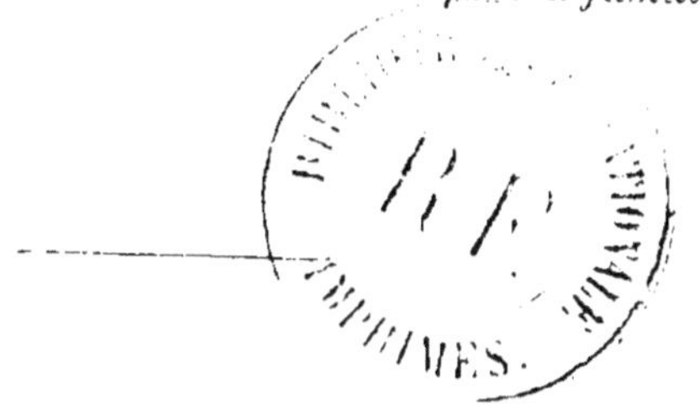

ŒUVRE LITTÉRAIRE

DE

MADAME JULIE LAVERGNE

Les Neiges d'antan. — Nouvelle édition illustrée par Henri Morin. Deux volumes grand in-8. Taffin-Lefort, éditeur, à Lille ; et à Paris, 30, rue des Saints-Pères.

Tome I. — Série de neuf nouvelles, précédées d'une lettre de Mgr de Dreux-Brézé, évêque de Moulins, et d'un portrait de l'auteur, par Claudius Lavergne : *L'Hôpital de Bruges*. — *Fiordilino*. — *Le Masque d'or*. — *Le Clocher d'Harfleur*. — *Histoire d'une dentelle*. — *Gautier de la Calprenède*. — *Une nuit pendant la Fronde*. — *Au clair de la lune*. — *Le Mendiant de la Reine*.

Tome II. — Série de douze nouvelles, précédées d'une lettre de S. Ém. le cardinal Mermillod, évêque d'Hébron : *Geneviève Lesueur*. — *L'Archiviste de Montbriant*. — *Hyacinthe Rigaud*. — *La Fontaine de Jouvence*. — *Gertrude van Helmott*. — *Fantaisie tourangelle*. — *La Fille du maître de chapelle*. — *Dona Felippa*. — *La Dernière Sonate*. — *Pierre Levieil*. — *La Gloire d'Ypres*. — *La Jeunesse de Joseph Vernet*.

Légendes de Trianon, Versailles et Saint-Ger-

main. — Nouvelle édition, sous presse, pour
paraître en 1899. Un volume grand in-8, illustré par Henri Morin. Taffin-Lefort, éditeur.

Douze nouvelles, précédées d'une lettre de M. le
comte Henri de Vanssay : *L'Aurore. — Henriette de
Laubespine. — Pauvre Jacques. — La Dernière Rose. -
Le Vannier de Chevreloup. — La Belle Jardinière. —
Brindille. — Louise de Lafayette. — Un pastel du roi
Louis XIII. — Le Coucher du soleil. — Le Plafond
d'Hercule. — L'Ormeau.*

Chroniques Parisiennes. — Œuvre posthume.
Un volume grand in-8, illustré par Henri
Morin. Taffin-Lefort, éditeur, 1898.

Série de dix nouvelles : *Maître Léonard. — La
Gerbe d'or. — Annette Dacier. — Thévenard et Laurette. — Le Mariage de Philippe de Champagne. -
La Foire Saint-Germain. — L'Expertise. — L'Amateur
d'estampes. — Jean Flutiau. — Le Rêve du peintre.*

Légendes et Chroniques de Montbriant. — Un
volume in-12. V. Palmé, éditeur, 1881. (Épuisé
en librairie. Sera réimprimé.)

Recueil de onze nouvelles : *La Pendule à musique,
— Le Roman de mon cousin. — L'Archiviste. — Pierrot
fugitif. — Le Lycée de Montbriant. — Le Quintette. —
Le Mur aux giroflées. — La Rose-thé. - Les Abeilles
de Valvert. — Excelsior. — Le Rêve du passant.*

Les Jours de cristal. — Un volume in-12. V. Palmé, éditeur, 1882. (Épuisé en librairie. Sera réimprimé.)

Recueil de douze nouvelles : *La Sylphide de la Pelonière. — Romée. — L'Horloger de Nuremberg. — Les Petits Bonnets. — Les Quintessences d'Hermolaüs. — La Princesse Jahia. — La Kermesse de Lille. — Claudia Stella. — La Branche d'acacia. — Le Beau Dressoir. — Les Fuseaux de Gulda. — Mademoiselle de Montpensier à Trévoux.*

Légendes de Fontainebleau. — Un volume in-12. Charavay frères, éditeurs, 1880. (Épuisé en librairie. Sera réimprimé.)

Contenant quatre nouvelles : *Christine de Suède. — L'Ermite de Franchard. — Moretta. — Marjolaine.*

Les Étincelles. — Un volume in-12. Victor Lecoffre, éditeur, 90, rue Bonaparte, à Paris.

Recueil de douze contes et nouvelles : *Bluette. — Les Bobèches cassées. — Une conspiration à Venise. — Histoire de la princesse Miranda et du prince Fanfarinet. — Oportet pati. — Le bien marié. — Le Perroquet de la tante Jeannette. — Fleur d'hiver. — Le Pêcheur à la ligne. — La Béarnaise. — Un artisan nomade au dix-septième siècle. — Sur les ruines.*

Le R. P. Babaz, *de la Compagnie de Jésus.* Notice biographique, par Mme Julie Laver-

gne, suivie de : *Le Vol des araignées*. — *La
Cave des apiculteurs*. — Œuvres du R. P.
Babaz. Un volume in-12. Palmé, éditeur, 1884.
(Épuisé. Sera réimprimé.)

L'Arc-en-ciel. — Un volume, petit in-8, illustré,
A. Mame et fils, éditeurs, à Tours; et à
Paris, 57, rue Bonaparte. Carré, libraire.

Recueil de sept nouvelles : *Deux Fleurs*. — *Le Pavot
bleu*. — *Le Lieder du ciel*. — *Le Vernis des Amati*. —
Les Roses de Provins. — *La Chanson de nuit du voya-
geur*. — *La Dentelle des sirènes*.

Contes français. — Un volume petit in-8 illustré.
Mame et fils, éditeurs.

Recueil de six contes : *Les Poupées de Martichon*.
— *Anna Soror*. — *L'Auberge de la vieille Tata* (conte
gascon). — *Fidéline*. — *La Cressonnière*. — *Le Bleu
manqué*.

Fleurs de France. — Un volume petit in-8 illustré. Mame et fils, éditeurs.

Chroniques et Légendes : *Le Val-de-Brix*. — *La
Chambre de l'astrologue*. — *Un mariage à Strasbourg
en 1770*. — *Minou-Minette*.

Les Captifs de Jumièges, suivi de : *La Diane de
Marly*. — *Isnelle*. — *Le Clavecin du fratello*.

— Un volume in-8, illustré. Mame et fils. éditeurs.

Lydie Dartel. — Histoire contemporaine. Un volume in-8, illustré. A. Mame et fils, éditeurs, à Tours.

Le Ménétrier de Sauleville. — Un volume in-12, illustré. Mame et fils, éditeurs.

Récits normands. — Recueil de quatre nouvelles : *L'Hirondelle.* — *Philémon et Baucis.* — *Ciska de Clercy.* — *Les Bruyères de frère Jean.* — Un volume in-12, illustré. Mame et fils. éditeurs.

Le Savant à l'école, suivi : de *Madame Guimauve.* — *La Cloche.* — *Le Premier Voyage d'Hermann Trotter.* — *Sonate en* ut *mineur.* — *Le Chêne de Rocheboise.* Un volume in-12, illustré. A. Mame et fils. éditeurs.

Une jeune châtelaine du dix-septième siècle. — Un volume in-12, illustré. Mame et fils, éditeurs, à Tours.

La Maison de porcelaine, suivi de : *Le Vieil Almanach.* Un volume in-12, illustré. Mame et fils, éditeurs. (Épuisé.)

La Flèche de Caudebec — Chronique normande. Un volume grand in-8, illustré. Rouen, imprimerie Espérance Cagniard, 1888. (Épuisé.)

Le Régiment de la Reine. — Feuilleton de 2543 lignes paru dans *l'Univers* en septembre 1884.

Notre-Dame-des-Roses. — Nouvelle parue dans *la Vie chrétienne* en 1887.

Titres des Nouvelles, Comédies et Charade, parues dans la **Femme et la Famille**, *journal des jeunes personnes*, sous la signature ou les pseudonymes (Henri Beaulieu et Pauline de Thibert) de Mme Julie Lavergne :

Aymery de Querceville. — Le Bahut. — Circonstances (charade en action). — Charles-Édouard en France. — Le Chevalier de Trélon. — Élisabeth Seton. — L'Ermitage de Mademoiselle (comédie). — Fiordalisa. — L'Inventeur. — Le Jour des confitures (comédie). — Le Manuscrit. — Mère et Fils. — Mignard et Dufresnoy. — Nix et Nox. — Le Peintre du soleil. — Le Perce-neige. — Pigeon perdu. — Les Roses de M. Vincent. — Les Stuarts à Saint-Germain. — Le Sylphe de Velden. — La Tresse blonde. — Trois Vieux Garçons. — Un mariage au bon vieux temps. — Un voyage de Georges de Scudéry en Cotentin. — Van-der-Kabel.

Nouvelles parues dans la *Semaine des familles* :

Le Bonhomme Cayenne. — Le Coucou de Marceline.
— Dans le gazon. — La Fleur des rêves. — La Fleur
d'ouïe. — L'Hôte du pêcheur. — Jehan van Eyk à
Cambrai. — La Vieille Maison. — Le Violoncelle.

Nouvelles parues dans l'*Illustration pour tous*
et le *Messager de la Semaine* :

Catherine de Rumilly. — L'Élève d'Hubert van Eyk.
— Le Secret de Jeanne-Marie.

———

Tous les droits de reproduction et de traduction de la
Vie et des *Œuvres littéraires* de Mme Julie Lavergne sont
réservés pour tous pays, y compris le Danemarck, les Pays-
Bas, la Suède et la Norvège.

Nota. — Les personnes qui posséderaient des documents
pouvant être utilisés dans une nouvelle édition de la *Vie de
Mme Julie Lavergne* et dans la publication de sa correspondance choisie, sont priées de les communiquer à M. Joseph
Lavergne.

TABLE DES MATIÈRES

FIN